LITTÉRATURE FANTASTIQUE BELGE ET BELGITUDE

LITTÉRATURE FANTASTIQUE BELGE ET BELGITUDE

ÉTUDE DES NOUVELLES FANTASTIQUES DE JEAN RAY

ANCHAL VERMA

Pour Priyanka et Neera.

Table des matières

Avant-propos

Ce projet est consacré à la littérature fantastique belge francophone. Nous nous appuyons notre étude sur le recueil des sept nouvelles fantastiques s'intitulant *Le Grand Nocturne* écrit par l'auteur belge du XXe siècle : Jean Ray. Ce livre a un double but. D'une part, découvrir l'univers fantastique de Jean Ray, c'est-à-dire, étudier des traits du fantastique belge francophone, afin d'examiner chez Jean Ray, l'essence du fantastique, par le biais de son recueil de nouvelles *Le Grand Nocturne*. D'autre part, examiner des traits de la belgitude, autrement dit, dévoiler, dans quelle manière la crise identitaire nationale chez Jean Ray, un écrivain belge, se reflète dans ses sept nouvelles fantastiques. Dans cette entreprise, il sera question aussi d'étudier des rapports entre la littérature fantastique belge francophone de Jean Ray et le mouvement de la belgitude.

La littérature fantastique est souvent considérée comme un sous-genre appartenant à la « paralittérature », appelée également l'« infralittérature », la « littérature de masses », la « littérature populaire » en bref, les « contre-littératures », ce qui est contre la grande littérature (autrement dit, la littérature canonique), à laquelle on attribuait une position inférieure, car cela concurrençait l'existence de la grande littérature, mais qui (la paralittérature) est devenue de nos jours, « très important statistiquement » selon Bernard Mouralis, un professeur et critique littéraire français.

D'après l'auteur français Florent Montaclair, la notion du genre fantastique comme un genre littéraire universel, était née, grâce à des romantiques français qui ont créé le genre fantastique afin de l'utiliser comme un outil, pour lutter contre les écrivains classiques (et leur penchant pour les règles). Ce qu'explique l'auteur Florent Montaclair dans son œuvre *Le vampire dans la littérature romantique française* (2011), qu'en 1829, ces trois romantiques : Jean-Jacques Ampère, un historien et écrivain français, François-Adolphe Loève-Veimars, un traducteur d'allemand, écrivain français et Jean-Baptiste Defauconpret, un traducteur de Walter Scott, pour combattre les écrivains classiques, ils ont affirmé l'existence d'un genre littéraire universel du fantastique, un genre sans normes fixes, qui avait pour maître, l'auteur allemand Ernst Theodor Amadeus Hoffmann.

Mais qu'est-ce que le fantastique ? Le Petit Robert propose la définition suivante de l'adjectif « fantastique » : « Qui est créé par l'imagination, qui n'existe pas dans la réalité. »
Tzvetan Todorov, un essayiste, philosophe et historien français d'origine bulgare, dans son ouvrage consacré à la littérature fantastique, *Introduction à la littérature fantastique* (1970) un ouvrage monumental, grâce auquel le fantastique est devenu un objet de recherche littéraire et c'est dans ce livre qu'il a défini le fantastique du XIXe siècle en termes d'hésitation, autrement dit, d'incertitude ressentie par un individu qui se retrouve confronté à un fait surnaturel. Dans son livre, Todorov a décrit les deux genres voisins du fantastique où le surnaturel existe aussi- l'étrange et le merveilleux, car selon Todorov, le fantastique est situé entre ces deux genres. D'après Todorov, dans le genre de l'étrange, dit aussi le « surnaturel expliqué », la présence des éléments surnaturels est expliquée à la fin du récit par la raison et dans l'autre genre du merveilleux appelé aussi le « surnaturel accepté » la présence des éléments surnaturels est justifiée, acceptée et le surnaturel ne

provoque aucune réaction (de peur, horreur etc) chez le personnage principal et le lecteur.

Mais c'est difficile à définir le fantastique, affirme Jean-Baptiste Baronian, l'éditeur, l'auteur et le spécialiste de la littérature fantastique et il propose dans son livre *Panorama de la littérature fantastique de langue française* (1978) que le fantastique est plutôt une notion, une idée, exprimée par les récits que notre quotidien pourrait à tout instant être déséquilibré.

D'après Jean-Baptiste Baronian, le fantastique belge, est un « fantastique de réaction ». La littérature fantastique s'est développée en Belgique au XXe siècle et le fantastique a joué un rôle important dans la littérature belge car c'était avec le fantastique que la littérature belge francophone s'est distinguée de la littérature française et a affirmé son identité, puisque le fantastique au XXe siècle, (contrairement en Belgique) était un genre marginalisé en France. De plus, certains écrivains comme Raymond Trousson, l'essayiste, l'historien et professeur belge, considère le fantastique comme une « spécialité belge ».

Étant toujours conscients de leur crise identitaire nationale, et sachant que : « [...] la littérature donne traditionnellement [...] une identité aux nations, c'est-à-dire que les nations ont du mal à exister sans littérature [...] La littérature [...] est un lieu dans lequel se jouent des questions qui sont liées à l'identité la plus profonde. »

Ainsi certains auteurs belges francophones expriment, par le recours à la littérature fantastique dans leurs œuvres, une crise identitaire nationale, autrement dit, la « belgitude ». Le terme de la « belgitude » a été forgé par le sociologue belge C. Javeau, dans les années 70-80 du XXe siècle, ce qui exprime la crise identitaire chez les Belges, depuis la création du royaume de Belgique en 1830, qui décrit le souci du Belge à se définir « Belge », à cause de la complexité d'identité nationale, l'absence d'une identité pure belge. José Fontaine, un philosophe belge définira la belgitude dans ces termes: « C'est cela la belgitude, l'idée qu'être belge c'est avoir l'identité de la non-identité, d'être petit, minuscule, sans épaisseur, médiocre, hybride...tous défauts revendiqués comme tels et qui, assumés, deviennent la gloire belge actuelle. »

Il faut ajouter ici que bien que le mouvement de la belgitude ait officiellement été lancé dans les années 70-80, après la mort de l'auteur Jean Ray (en 1964). En examinant ses récits fantastiques, notamment ses récits du recueil Le Grand Nocturne, nous avons trouvé des traits préliminaires de la belgitude chez lui, c'est-à-dire que chez lui se reflètent les idées et les valeurs de la belgitude, de la crise identitaire nationale.

Nous allons maintenant brièvement présenter Jean Ray, un écrivain belge que nous proposons étudier dans ce projet.

Jean Ray est journaliste et écrivain belge, né à Gand en 1887 et mort en 1964. Né Raymond Jean-Marie De Kremer, l'auteur gantois a utilisé plus de vingt pseudonymes (Jean Ray, John Flanders, John Sailor, Kaptain Bill…). Le plus connu parmi eux, est celui de Jean Ray, réservé surtout pour signer ses récits fantastiques. De plus, d'après l'auteur Christian Delcourt, l'écrivain Jean Ray a écrit en néerlandais sous le pseudonyme de John Flanders et en français sous celui de Jean Ray. Étant donné que ce sont ses écrits en français, dans le domaine du fantastique, auxquels nous nous intéressons, donc nous allons nous concentrer essentiellement sur ses écrits sous le nom de Jean Ray.

La liste de ses œuvres est assez vaste. Il a écrit plus de 9000 récits, de récits fantastiques, de récits policiers, d'horreur et des textes divers. En 1972 a été créé le prix Jean Ray par la maison d'édition belge Marabout, pour honorer la mémoire de l'écrivain belge. Pendant la deuxième guerre mondiale, la période de l'occupation allemande de la Belgique, un groupe d'écrivains belges dont Jean Ray, ont créé dans les années 40, la maison d'édition « Les auteurs associés » spécialisée dans la publication de romans policiers et de récits fantastiques belges.

Jean Ray est l'un des premiers auteurs fantastiques belges, considéré comme un grand maître de la littérature fantastique belge francophone, mais qui est peu connu dans le monde. Chez Jean Ray, ce qui nous intéresse surtout, ce sont ses nouvelles fantastiques, où il a vraiment montré son talent d'un écrivain fantastique.

Notre corpus littéraire se compose de récits du recueil *Le Grand Nocturne* de Jean Ray. *Le Grand Nocturne* est un recueil de sept nouvelles, publié en 1942. Ce recueil est composé de ces deux nouveaux récits *Le Grand Nocturne* (la première nouvelle de ce recueil qui s'intitule aussi *Le Grand Nocturne*) et *Les sept châteaux du roi de la mer* et avec cinq récits déjà publiés autrefois. Parmi ces cinq récits, les deux récits *La Ruelle ténébreuse* et *Le Psautier de Mayence* ont été publiés dans son livre *La Croisière des ombres* qui était son deuxième livre, publié en 1932, les deux récits *Le Fantôme dans la cale* en 1925 et *Quand le Christ marcha sur la mer* en 1931, ont déjà été publiés dans « la Revue belge » et le récit *La Scolopendre* a déjà été publié dans « La Parole universitaire » une revue d'étudiants, en 1932.

Le choix du corpus est limité par ce facteur particulier : puisqu'il est impensable d'étudier l'ensemble de ses récits fantastiques (Jean Ray a écrit plusieurs recueils de nouvelles fantastiques), nous avons choisi de porter notre attention sur son recueil de nouvelles *Le Grand Nocturne*, qui est composé de ses sept nouvelles fantastiques, considérées mondialement par les écrivains et les lecteurs, comme ses meilleures nouvelles fantastiques.

Une telle étude est nécessaire, car la littérature fantastique a ce grand mérite d'aider à faire comprendre et accepter les exclus de la société (fous, malades, opprimés). À travers cet ouvrage, nous pourrions mettre en lumière le génie de cet auteur, de faire connaitre Jean Ray et également démontrer les rapports entre le fantastique belge francophone et le mouvement historique de la belgitude.

En somme, selon Jean-Baptiste Baronian, le fantastique chez Jean Ray, est un « fantastique de réaction », une révolte contre les lois établies. Mais après avoir étudié des récits du recueil *Le Grand*

Nocturne de l'auteur Jean Ray, nous avons remarqué que nous y trouvons également certains traits fantastiques proposés par Todorov : l'hésitation du lecteur et du personnage, les événements surnaturels, les effets du fantastique- sensation de peur et d'horreur, etc.

Cependant, Todorov a annoncé que le fantastique n'existe plus et est mort depuis la fin du XIXe siècle, à cause de la naissance de la psychanalyse, car la psychanalyse traitait les mêmes sujets que la littérature fantastique, des sujets interdits tels que la sexualité, la mort, la cruauté, l'inceste.

Ainsi, nous envisageons de répondre dans ce projet les questions suivantes. Est-ce que la définition du fantastique du XIXe siècle, proposée par Tzvetan Todorov, est-elle valable pour le fantastique belge francophone du XXe siècle chez Jean Ray ou est-ce que le fantastique belge francophone chez Jean Ray se conforme-t-il à la vision baronianienne du fantastique : « le fantastique de réaction » ? Et qu'est-ce que la belgitude ? Pouvons-nous considérer Jean Ray comme le précurseur du mouvement national belge de la belgitude ? Est-ce qu'il y a des rapports entre le mouvement de la belgitude et la littérature fantastique belge francophone de Jean Ray ?

CHAPITRE I
Le fantastique belge
francophone et la belgitude

Jean-Baptiste Baronian, un expert de la littérature fantastique, dans son livre *Panorama de la littérature fantastique de langue française* (1978) évoque que le terme « fantastique » est employé par les gens dans tous les domaines, n'importe où les gens finissent en disant que : « c'est fantastique ! ». Baronian explique de plus en ces termes que : « [...] le fantastique n'est qu'un terme [...] derrière lequel se cacherait quelque chose d'inattendu, d'impromptu- d'impulsif [...] il semble acquis que le fantastique [...] sort de l'ordinaire. »[1] Mais que signifie le mot « fantastique » ? Nous répondrons à cette question dans ce chapitre. Le présent chapitre a pour objectif de discuter les deux notions clés de « fantastique » et de la « belgitude ». Ce chapitre vise également à présenter le parcours biographique de l'auteur Jean Ray (pseudonyme de Raymond Jean-Marie De Kremer) et le corpus de notre étude. Ce chapitre sera divisé en trois parties. Dans la première partie intitulée « Le fantastique et l'école belge de l'étrange », nous allons commencer par l'examen de la notion du

---

[1] BARONIAN Jean-Baptiste, *Panorama de la littérature fantastique de langue française, Op.cit.,* p.14-15.

fantastique en réfléchissant sur les quatre définitions proposées du fantastique, par les théoriciens Pierre-Georges Castex, Roger Caillois, Tzvetan Todorov et Jean-Baptiste Baronian, afin de mettre en lumière les caractéristiques du fantastique. Il faut noter que Castex et Caillois ont proposé la définition du fantastique avant Todorov et Baronian. Ensuite nous allons esquisser l'évolution du genre littéraire belge francophone ou de l'école belge de l'étrange avant Jean Ray. La deuxième partie intitulée « L'émergence de la belgitude » aspire à l'exploration du terme de la belgitude, ses traits principaux et celle de son évolution historique. Et la troisième partie intitulée « Jean Ray et *Le Grand Nocturne* » se consacrera à l'écrivain Jean Ray et le corpus de notre travail : *Le Grand Nocturne* (1942).

Le fantastique et l'école belge de l'étrange

Selon l'académicien, poète, romancier français Antoine Furetière, l'adjectif fantastique signifie « imaginaire, qui n'a que l'apparence ; invraisemblable, bizarre, extravagant, qui est en dehors de la réalité »[2]. En plus, Le Littré de 1863 donne une définition assez simple: « qui n'existe que par l'imagination. »[3] D'où nous pouvons déclarer que dans son acception la plus large, le mot fantastique englobe tout ce qui est inimaginable, étrange, impensable, irréel, en somme, quelque chose qui ne fait pas partie de notre monde quotidien.

Ayant abordé le terme du fantastique, nous allons tout de suite passer en revue les quatre définitions du fantastique des quatre théoriciens, pour concevoir l'âme du fantastique et énumérer les traits du fantastique. Nous avons choisi de porter notre attention sur ces quatre spécialistes Pierre-Georges Castex, Roger Caillois, Tzvetan Todorov et Jean-Baptiste Baronian, étant donné qu'ils sont tous des connaisseurs reconnus et incontournables de la littérature

---

[2] MALRIEU Joël, *Le Fantastique*, Paris, Hachette, 1992, p.11.

[3] Définition citée par STEINMETZ Jean-Luc, *La littérature fantastique,* Paris, Éditions PUF, 1990, p. 14.

fantastique. Nous allons présentement traiter la définition du fantastique proposée par le premier savant Pierre-Georges Castex dans un parcours évolutif.

Pierre-Georges Castex, l'historien français de la littérature dans son livre *Le conte fantastique en France de Nodier à Maupassant*[4] (1951) définit le fantastique de la manière suivante: « Le fantastique se caractérise [...] par une intrusion brutale du mystère dans le cadre de la vie réelle »[5] Selon Pierre-Georges Castex, l'élément central ou le noyau d'un récit fantastique est l'apparition, qu'un jour, un fait inexplicable survient, de façon inattendue, dans la vie ordinaire de protagoniste. Pour notre deuxième savant, le sociologue français Roger Caillois, qui propose la définition du fantastique dans la préface de *l'Anthologie du fantastique*[6] (1966) donnée ci-dessous : « Le fantastique [...] manifeste un scandale, une déchirure, une irruption insolite, presque insupportable dans le monde réel. »[7]

La définition donnée par Roger Caillois nous ramène à celle de Pierre-Georges Castex, vu que, tout comme Castex, Caillois décrit l'événement fantastique comme celui qui a lieu dans le monde réel de personnage principal, et qui provoque une « intrusion brutale » ou une « irruption insolite » dans son monde banal. Ce qui différencie sa définition de celle de Castex, c'est le fait que Roger Caillois considère le fantastique par rapport au merveilleux, il distingue entre le fantastique et le merveilleux afin de mieux préciser les limites propres du fantastique : « Le féerique est un univers merveilleux qui s'ajoute au monde réel sans lui porter

---

[4] CASTEX Pierre-Georges, *Le Conte fantastique en France De Nodier à Maupassant*, Paris, Librairie José Corti, 1951.

[5] *Ibid.*, p.8.

[6] CAILLOIS Roger, *Anthologie du fantastique*, Paris, Éditions Gallimard, 1966.

[7] *Ibid.*, p. 8-9.

atteinte ni détruire la cohérence. Le fantastique, au contraire, manifeste un scandale, une déchirure [...] dans le monde réel. » [8]

D'après Roger Caillois, dans un récit merveilleux, l'événement surnaturel ne se déroule pas dans le monde quotidien de protagoniste, mais plutôt dans un autre monde fictif, qui incite le personnage principal à supporter cet épisode étrange et ainsi cela ne l'effraie pas. Contrairement à un récit merveilleux, dans un récit fantastique, les faits curieux non seulement choquent le protagoniste, mais aussi suscitent un sentiment de la peur chez lui.

En conséquence, nous retrouvons de la définition de Castex, une première caractéristique importante du fantastique : le surgissement d'un événement étrange dans l'univers quotidien de protagoniste. Et le trait que nous retirons de la définition de Caillois, c'est que le fantastique se distingue du merveilleux, un autre genre, tout comme le fantastique, qui frôle le surnaturel où la présence du surnaturel est acceptable. Pour le fantastique, c'est le contraire, le surnaturel est insoutenable dans le monde banal de personnage, qui le bouleverse et est responsable de la crainte chez lui.

Quant à un autre théoricien important de cette littérature Tzvetan Todorov, il définit le fantastique dans son livre *Introduction à la littérature fantastique* considéré souvent par les critiques littéraires comme un manifeste du fantastique : « Le fantastique, c'est l'hésitation éprouvée par un être qui ne connait que les lois naturelles face à un événement en apparence surnaturel. » [9]

D'après Todorov, dans un récit fantastique il y a un événement étrange qui a lieu et il existe deux interprétations de cet événement, une naturelle, l'autre surnaturelle. L'hésitation entre ces deux interprétations crée le fantastique. Todorov affirme que l'hésitation est un élément clé du fantastique. Donc pour Todorov, le

---

[8] *Ibid.*, p.8-9.

[9] TZVETAN Todorov, *Op.cit.,* p. 29.

fantastique n'est que le moment où il y a l'hésitation de la part du lecteur et du personnage, entre les deux explications d'un événement étrange : « Le fantastique occupe le temps de cette incertitude. »[10] Donc une autre caractéristique du fantastique que nous identifions, c'est la réaction du personnage central et du lecteur, celle de l'incertitude en face de l'étrange, un élément essentiel dans un récit fantastique selon Todorov.

Enfin nous arrivons à la notion du fantastique de notre dernier connaisseur du domaine du fantastique Jean-Baptiste Baronian, suggérée dans son ouvrage qui s'intitule *Panorama de la littérature fantastique de langue française* : « [...] le fantastique est d'abord une idée [...] L'idée que notre monde, notre quotidien peut à tout moment être dérangé, transgressé, bouleversé de fond en comble, être perçu autrement que par la raison raisonnante. »[11]

Dans son livre mentionné ci-dessus, Jean-Baptiste Baronian affirme que c'est difficile à définir le fantastique et soutient que le fantastique est un instrument aux mains des fantastiqueurs[12] (le mot « fantastiqueur » a été créé par le poète, romancier français Théophile Gautier en 1830). C'est une idée, un message que les récits fantastiques transmettent aux lecteurs que dans la vie, rien n'est constant et que même les lois de notre monde pourraient être violées.

Après avoir examiné les quatre définitions des théoriciens, nous pouvons énumérer les caractéristiques du fantastique ainsi :

La représentation du monde de tous les jours, ordinaire de protagoniste dans le récit fantastique.

Le surgissement d'un incident étrange dans l'univers quotidien de protagoniste.

---

[10] *Ibid.*, p. 29.

[11] BARONIAN Jean-Baptiste, *Panorama de la littérature fantastique de langue française, Op.cit.,* p.23.

[12] LITS Marc, « Des Fantastiqueurs Belges ? » *Textyles,* 1993, http://textyles.revues.org/1892 , consulté le 26 novembre 2019.

Le fantastique se distingue du merveilleux, son genre voisin.

Dans le récit fantastique, l'événement surnaturel scandalise le personnage principal.

L'événement bizarre provoque également la peur chez le protagoniste du récit.

L'élément central dans un récit fantastique : l'incertitude de la part de protagoniste et du lecteur, à la suite d'un événement étrange.

Le fantastique égale une notion, que les récits fantastiques expriment aux lecteurs, autour de la possibilité de la transgression des lois du monde ordinaire.

Sachant que le thème central de cette œuvre est le fantastique belge de langue française chez l'écrivain belge Jean Ray, il nous parait important de faire un bref historique du fantastique belge de langue française (ou de l'école belge de l'étrange).

Baronian définit le fantastique belge, comme un « fantastique de réaction », autrement dit, une réaction contre la banalité quotidienne, basé sur un désir de détruire l'ordre établi, un rejet de la réalité, une révolte contre l'ordre établi, une révolte contre les lois naturelles. « Le fantastique s'apparente à une révolte, à un formidable cri de protestation −le désir, la volonté farouche de déranger la toute puissante suprématie d'un ordre. [...] Le fantastique belge est par excellence un fantastique de réaction. »[13]

De plus, c'est Baronian qui a inventé l'expression « l'école belge de l'étrange », dans les années 70, pour parler de la littérature fantastique belge de langue française, car selon lui, « le fantastique belge n'est pas un phénomène marginal »[14] comme considéré très souvent en France et il existe chez des écrivains belges une tendance naturelle au fantastique, comme même d'après l'écrivain belge Edmond Picard, la tendance au fantastique constitue un

---

[13]BARONIAN Jean-Baptiste, *Panorama de la littérature fantastique de langue française, Op.cit.,* p.244.

[14] *Ibid.,* p.237.

élément inhérent à l'identité culturelle belge. Ainsi selon Baronian, le fantastique a joué un rôle important dans la littérature belge.

Selon Jean-Baptiste Baronian, la date de la naissance de la littérature belge de langue française est traditionnellement attribuée vers 1880, lorsque « La Jeune Belgique », une revue belge de littérature, a été fondée par Max Waller, un poète belge, qui a réuni des écrivains tels qu'Emile Verhaeren, Maurice Maeterlinck, Georges Rodenbach. C'était la parution de « La Jeune Belgique » et par la suite, d'autres revues telles que « L'Art moderne » et « La Wallonie » qui ont en fait, sensibilisé les écrivains belges à l'importance de la création d'une littérature belge ayant ses propres caractéristiques. Et cette prise de conscience a mené à l'émergence de deux tendances littéraires du symbolisme et de « la littérature de terroir »[15]. La première tendance du symbolisme a ranimé la littérature belge de langue française, grâce à ses représentants tels que Maurice Maeterlinck, un poète, essayiste belge qui a reçu un prix Nobel en 1911.

D'après Baronian, le fantastique belge est né de ces deux tendances littéraires, du symbolisme et de « la littérature de terroir », à la fin du XIXe siècle, attendu que les écrivains symbolistes avaient un penchant pour l'irréel et le surnaturel, ainsi atteste Baronian: « la démarche symboliste est conduite à frôler l'irréel et le surnaturel pur »[16]. En outre comme explique le professeur de communication belge Marc Lits, dans les mots suivants: « […] c'est parmi les auteurs symbolistes qu'il faut chercher les premières traces du fantastique. Dans *Bruges-la-morte* de Rodenbach, dans *Onirologie* de Maeterlinck apparaissent des

---

[15] JOSEFSON Asa, *Fantastique et révolte chez Jean Muno et Hugo Raes*, Bruxelles, éd. Peter Lang AG, 2013.

[16] BARONIAN Jean-Baptiste, *Panorama de la littérature fantastique de langue française, Op.cit.,* p. 239.

traces de fantastique, parce qu'on y joue avec le surréel et le surnaturel. »[17]

Et quant à la littérature de terroir, nous y trouvons des personnages superstitieux, ayant des comportements bizarres presque « fantastiques », et des êtres tels que les sorciers, les magiciens, des guérisseurs, qui sont souvent dotés du pouvoir surnaturel. Les représentants connus de cette littérature de terroir sont Georges Eekhoud, Hubert Krains, Hubert Stiernet. En somme, les deux tendances passent aux frontières du fantastique et ont créé une atmosphère idéale pour l'intervention du surnaturel dans le genre fantastique.

Ayant mûrement réfléchi sur le mot fantastique et ses traits particuliers, nous allons actuellement traiter le thème de la belgitude et tracer l'évolution historique de ce même mouvement dans la partie suivante.

L'émergence de la belgitude

La Belgique se divise en dix régions; cinq régions wallonnes ou francophones et cinq régions flamandes ou néerlandophones. Le pays entier est en fait trilingue, avec une petite zone germanophone, au sein de la région wallonne, depuis 1918. L'absence d'une langue belge à proprement parler, et l'absence d'une identité pure belge (ayant une identité flamande ou une identité wallonne) sont les causes de la crise identitaire belge.

José Domingues de Almeida, dans son livre intitulé *De la belgitude à la belgité*, consacré au concept de « belgitude », a évoqué que la publication du dossier « Une autre Belgique », en novembre 1976 a fonctionné comme « déclic » pour la génération des écrivains et des intellectuels belges francophones, à inciter les Belges à « tenter d'être belges »[18]. C'est dans ce dossier que le terme « belgitude » a été créé par le sociologue belge Claude

---

[17] LITS Marc, *Op.cit.,* p.18.
[18] ALMEIDA José Domingues De., *Op.cit.,* p.11.

Javeau et l'écrivain belge Pierre Mertens, au numéro de l'hebdomadaire français *Les Nouvelles littéraires*. C'est à travers leur dossier « Une autre Belgique » que Claude Javeau et Pierre Mertens déclarent au monde entier, « [...] qu'il existait une autre génération littéraire en Belgique francophone qui [...] se sentait le droit de revendiquer pour des écrivains belges le droit [...] de faire œuvre ici. » [19]

Autrement dit, le droit de faire référence à leur pays natal, la Belgique. Selon l'écrivain José Domingues de Almeida, le terme « belgitude » exprime le malaise belge, c'est-à-dire, le mal de l'ici, la crise d'identité belge depuis la création du royaume de Belgique en 1830, tout comme le terme de la « québécitude », inventé par les canadiens-français, les francophones de la province de Québec, appelés les Québécois, depuis la révolution tranquille, exprime la crise identitaire québécoise et se traduit par une recherche d'une spécificité québécoise, la construction de l'identité québécoise.

Marie-France Renard, le professeur à l'Université Saint-Louis de Bruxelles, qui a écrit la préface du livre *De la belgitude à la belgité* aborde le sujet de la belgitude en disant que : « [...] le terme « belgitude » [...] il s'agit d'exprimer une spécificité belge, qu'elle soit culturelle, artistique ou gastronomique. » [20]

Elle évoque que le poète et essayiste belge Marc Quaghebeur définit l'identité belge, surtout l'identité belge francophone comme une « identité en creux » [21] depuis 1830. José Domingues de Almeida explique ensuite que Quaghebeur associe l'identité belge avec l'idée d'un manque, « manque d'Histoire, de Nation, d'État, de Littérature, de Langue propre » [22]. Autrement dit, la génération de la belgitude exprime un malaise identitaire, en raison d'un manque d'histoire, ou un manque d'« une saga historique » belge

---

[19] *Ibid.*, p.55.

[20] *Ibid.*, p.11.

[21] *Ibid.*, p.13.

[22] *Ibid.*, p.25.

et de l'usage de la langue française (par les Belges francophones), à cause de la proximité de Paris, considéré comme un symbole d'un « plein » (la France), près d'un « creux » (la Belgique).

Et donc la réponse pour lutter contre la crise identitaire belge était l'invention de la belgitude, qui se traduit par une demande d'histoire et de la langue propre. Et essentiellement, la belgitude se manifeste par une quête d'identité nationale belge et un déni d'identité flamande ou wallonne par les Belges, comme affirme l'écrivain et l'ethnologue français Thomas Beaufils ainsi: « La belgitude, c'est d'une part la négation d'une appartenance à un camp, wallon ou flamand et d'autre part, tout ce qui fait que l'on se reconnaît belge. » [23]

À la suite de la parution du dossier « Une Autre Belgique » en 1976, qui lance le débat sur la belgitude, le débat identitaire continue de plus. En 1978, dans « La libre Belgique », un quotidien belge, le dossier intitulé « Six personnages en quête de belgitude » a été paru, où les six tenants de la belgitude, deux écrivains (Marc Quaghebeur, Jacques De Decker) deux directeurs de théâtre (Frédéric Baal et Patrick Roegiers) et deux plasticiens (Jacques Lemep et Michel Mineur) ont élaboré sur la notion de la belgitude. En plus, les deux recueils *Lettres françaises de Belgique. Mutations* (1980) et *La Belgique malgré tout* (1980) ont exploité la matière de belgitude. En 1980 s'est déroulé le festival *Europalia Belgique* et un *Alphabet des Lettres belges* (1980) est publié, réunissant quatre-vingts noms d'écrivains, dramaturges, poètes belges. Ensuite deux ans plus tard, un *Alphabet des Lettres belges de langue française* (1982) rassemblant quatre-vingt-deux noms d'écrivains, dramaturges, poètes belges francophones, est paru.

Ainsi a avancé le débat identitaire de la belgitude qui a contribué à la promotion de la littérature belge francophone. José Domingues de Almeida affirme que pour certains, la belgitude est un

---

[23]BEAUFILS Thomas, *Les Belges*, Paris, Éditions Le Cavalier Bleu, 2004, p.117.

instrument « qui réconcilie […] des auteurs avec la littérature et la langue » [24] et qui a également favorisé la renaissance d'une littérature belge francophone, une littérature qui parle de l' « ici », qui se concentre sur la réalité belge. Il ajoute que le mouvement de la belgitude a permis: « la prise de conscience d'une littérature singulière »[25] dont les caractéristiques majeures (de la belgitude) nous allons résumer comme suit.

La belgitude est exprimée dans le champ littéraire par l'humour et selon l'auteur belge André Miguel, que cite Domingues de Almeida dans son ouvrage, par « dérision, autodérision démesurée, outrance naïve, non-sens ricanant » [26] des Belges et « par un climat nébuleux, par une propension à l'excès » [27] en termes de Pierre Piret, un chercheur et enseignant dans l'Université catholique de Louvain. Donc en bref, la belgitude se caractérise par l'évocation des spécialités belges telles que la bière, les chocolats, les frites, par l'allusion aux lieux (ou des quartiers) belges et également par l'usage des mots qui évoquent le climat belge et renforcent le caractère hybride (wallon et flamand) de la Belgique en insistant sur la notion du métissage.

Dans son ouvrage, José Domingues de Almeida termine le débat sur la belgitude en affirmant qu'aujourd'hui la discussion de belgitude est close, en citant le professeur belge Jacques Dubois : « c'est un débat avorté et un combat d'hier » [28] car aujourd'hui dans les œuvres belges il n'y a plus de « question identitaire en termes de belgitude »[29] et les œuvres ne revendiquent rien.

L'écrivain ajoute qu'aujourd'hui au lieu d'employer le mot ayant une connotation négative de belgitude, associé à un manque, on utilise le mot de la belgité, le terme ayant une connotation

---

[24] ALMEIDA José Domingues De., *Op.cit.,* p.66.

[25] *Ibid.*, p. 14.

[26] *Ibid.*, p.104.

[27] http://sites.uclouvain.be/alumni/ucl/louv133-2.pdf,consulté le 28 mars 2020.

[28] ALMEIDA José Domingues De., *Op.cit.,* p.113.

[29] *Ibid.*, p.113.

positive, fabriqué par l'auteur Marc Quaghebeur, que l'auteur José Domingues de Almeida associe avec la littérature belge francophone de « spécificité »[30], ce qui nous ramène à une figure très connue de la littérature belge francophone, l'écrivain belge Jean Ray, que nous allons présenter dans la partie suivante de ce chapitre.

Jean Ray et *Le Grand Nocturne*

Marin, journaliste, fonctionnaire, écrivain, Jean Ray (Raymond Jean-Marie De Kremer, de son vrai nom) est né le 8 juillet en 1887, dans le quartier d'Ham, à Gand, et mort en 1964. Écrivain plurilingue, il parle et écrit le français, le néerlandais, l'anglais, l'allemand. Son père travaillait à la gare maritime, sa mère était institutrice. Il avait une sœur aînée.

Depuis son enfance, Jean Ray a été fasciné par le monde fantastique, comme il admet dans son autobiographie: « Dès mon enfance j'étais embarqué en plein dans le fantastique, qui ne me répugnait pas et ne m'effrayait pas. »[31]

Cette fascination était grâce aux histoires fantastiques, que contait la sage-femme Wantje Diemee, que l'auteur fantastique aimait entendre. En 1896, lorsqu'il avait 9 ans, il a navigué pour la première fois, il est allé à Londres avec l'ami de son père. De cette expérience surgit son désir de naviguer, de prendre la mer, et est née sa passion pour l'Angleterre et ses écrivains tels que Charles Dickens et Arthur Conan Doyle. On ne considérait pas Jean Ray comme un bon élève à l'école François Laurent. De 1901 à 1903, Raymond était pensionnaire dans une école française à Pecq. En 1904, ses premiers écrits : des chansons et des poèmes écrits en néerlandais, ont été publiés dans la revue estudiantine « De Goedendag ». Puis en 1911, il commence à écrire en français des poèmes et ces deux nouvelles, *Le voleur* (1911) et *Sur la route* (1913), qui ont été parus dans la revue « Gand XXe siècle ». En

---

[30] *Ibid.*, p.110.

[31] http://jeanray.noosfere.org/bioray.htm ,consulté le 27 mars 2020.

1912, il épouse Virginie Bal, une actrice et en 1913 a été née sa fille unique Lucienne.

En 1925, a été publié son premier recueil de nouvelles fantastiques *Les contes de Whisky* (1925). Puis, en 1927, il a été arrêté et condamné à deux ans de prison pour des abus de confiance. Même dans la prison, il a continué à écrire, mais il trouve et commence à écrire sous un autre pseudonyme, celui de John Flanders. Il était libéré en 1929. Dès 1931, Jean Ray a commencé à traduire et ensuite écrire lui-même une série de récits policiers *Harry Dickson*. Dès 1932, il recommence à utiliser le nom de Jean Ray en signant le recueil des nouvelles *La Croisière des Ombres* (1932). En 1934 et 1935, quatre nouvelles du recueil *Contes du Whisky* ont été parues dans la célèbre revue américaine « Weird Tales ». De 1936 à 1940 sous le pseudonyme de John Flanders, étaient publiés de nombreux ouvrages pour la jeunesse, tels que la fameuse série des Vlaamse Filmpjes (en néerlandais) et Presto-Films (en français).

Ensuite en 1942-43, ses plus célèbres œuvres ont été publiées- le recueil de nouvelles fantastiques *Le Grand Nocturne* en 1942. Et en 1943, ses plus fameux romans *Malpertuis* (1943) et *La Cité de l'indicible peur* (1943) *et* son recueil de nouvelles fantastiques *Les Cercles de l'épouvante* (1943). En 1944, un autre recueil remarquable, est paru, le recueil *Les Derniers contes de Canterbury* (1944). En 1961, c'était avec la publication de l'anthologie *Les 25 Meilleures Histoires Noires et Fantastiques de Jean Ray* (1961) dans la collection Marabout, publiée à Verviers par l'éditeur André Gérard que Jean Ray connait enfin la gloire mondialement. Le 24 avril 1963, Jean Ray reçoit le prix des Bouquinistes. En 1964, il meurt d'une crise cardiaque tout en se tenant debout.

Tout comme ses récits pleins de mystères, sa vie était également mystérieuse. « Homme déroutant et mystérieux »[32], ainsi décrit par son ami Thomas Owen, un célèbre écrivain fantastique belge francophone, qui atteste, dans son article publié dans la revue « Bizarre » sur Jean Ray, que l'auteur gantois a presque visité le monde entier et en fait vécu partout dans le monde. En outre, Jean Ray dans son autobiographie, il mentionne que sa grand-mère paternelle était indienne d'Amérique, de race sioux et qu'il a fait un voyage au tour du monde en bateau. De plus, il prétend que pendant ses voyages, il a fait la nacre et qu'il était un trafiquant d'alcool (aux États-Unis pendant la période de prohibition), des armes, des épices, d'ivoire et des perles. Mais ses proches arguent que le conteur belge n'a jamais quitté sa ville natale et a passé toute sa vie à Gand et y est même mort.

Ayant discuté le parcours biographique de l'écrivain Jean Ray, nous allons à présent, discuter son œuvre magistrale et le corpus de notre étude: *Le Grand Nocturne*.

Le recueil *Le Grand Nocturne* se compose de sept nouvelles suivantes : *Le Grand Nocturne, Les sept châteaux du roi de la mer, Le Fantôme dans la cale, La Ruelle ténébreuse, La scolopendre, Quand le Christ marcha sur la mer* et la dernière *Le Psautier de Mayence*. Dans l'anthologie *Les 25 Meilleures Histoires Noires et Fantastiques de Jean Ray* publié en 1961, cinq nouvelles de ce recueil ont été sélectionnées.

Nous allons présentement raconter très brièvement les événements principaux, surtout les événements étranges qui se déroulent dans les sept nouvelles du recueil *Le Grand Nocturne*.

Dans la première nouvelle *Le Grand Nocturne*, le personnage principal, Théodule Notte trouve un jour, un vieux livre rouge, qui est l'instrument de mal, chez lui. Ce même livre qu'il a vu, il y a 50 ans, pendant son enfance, le 8 octobre, un jour inoubliable pour lui, lorsqu'il a vu certains événements étranges qui se sont

---

[32] http://jplanque.pagesperso-orange.fr/Infini/Ray.htm, consulté le 28 mars 2020.

déroulés. En revenant de l'école avec son ami d'école Hippolyte Baes, il a vu la transformation de son ami d'école Jérôme Meyer, et plus tard la pluie de pierres chez lui. Puis une nuit (dans le présent), Théodule Notte rencontre « le Grand Nocturne », une créature surnaturelle, « une sorte de valet des Grandes puissances des ténèbres »[33]. À l'aide de ce vieux livre rouge, Théodule ressuscite Marie Beer, la femme qu'il aime, qui était morte, et avec qu'il passe des journées dans une taverne « la taverne d'alpha ». Cette taverne que ces deux pourraient seulement voir. À la fin, dans la « taverne d'alpha » le même événement étrange de la pluie de pierre se déroule devant Théodule et Hippolyte. Le commissaire y arrive pour arrêter Théodule. Hippolyte l'aide à fuir en l'emmenant dans un autre monde en révélant à Théodule que c'est lui, Hippolyte qui est le Grand Nocturne, une créature surnaturelle.

Dans *Les sept châteaux du roi de la mer,* dans un petit bar hollandais « Phare Amusant », un jeune homme, qui était ivre, raconte une histoire étrange d'un vieux vagabond qu'il avait rencontré en prison de Leeuwarden, à qu'il avait donné des biscuits et du tabac. Puis, le jeune homme parle de sa mystérieuse promesse de récompenser le jeune homme à l'équinoxe d'automne quand sa puissance sera rendue à lui. Ensuite, le jeune homme parle d'un événement étrange qui s'est déroulé, une nuit d'automne, dans la prison de Leeuwarden, lorsque le vieux vagabond lui avait dit qu'il ferait appel au Roi de la Mer et cette même nuit il évoque: « Cette nuit […] un crissement aigu, et voici que le mur, en face de moi, se fendit d'une longue ligne lumineuse, extraordinairement brillante. »[34]

Dans la prochaine nouvelle *Le fantôme dans la cale,* le personnage principal, Bunny Snooks raconte à ses amis dans un bar, qu'il avait vu, dans la cale du Fulmar, un cargo, une main « une main de feu vert qui griffait éperdument les ténèbres »[35], qui

---

[33] RAY Jean, *Op.cit.,* p.33.

[34] *Ibid.*, p.70.

[35] *Ibid.,* p.79.

se tendait vers lui et puis l'apparition d'un fantôme : « le fantôme parut…frissonnant, papillonnant de ses infernales flammèches vertes.»[36] Ensuite il avait assisté à la transformation de ce fantôme et avait vu l'apparition des diables aux yeux rouges et méchants, dont les griffes aiguës avaient blessé sa chair.

Dans *La ruelle ténébreuse*, chaque nuit, les crimes atroces sont commis, par les êtres invisibles, les habitants de la ville disparaissent, et sont sauvagement tuées. De plus, la narratrice découvre un jour, la présence d'un être invisible chez elle et évoque: « Il y a une présence dans la maison, mais une présence souffrante et blessée »[37]. En outre, le deuxième narrateur Alphonse Archipêtre remarque qu'il y a une rue, l'impasse Sainte-Bérégonne qui existe seulement pour lui, et là, il trouve trois petites maisons identiques et dans toutes les trois maisons, il trouve la même cuisine, les mêmes meubles, les mêmes objets et le même mur devant lequel s'achève un escalier qui ne menait nulle part. À la fin, il découvre qu'il y a un lien entre l'impasse et les crimes nocturnes et se dit: « je constate avec effarement que tous les crimes ont été commis le long de ce tracé. »[38]

Dans *La scolopendre,* la nouvelle suivante, Nathanson, Bilsen, Schlechtweg et Selig sont les quatre étudiants qui, un après-midi d'octobre étaient en train de regarder la lente marche d'un « gigantesque myriapode sur la façade de cette maison »[39], sur la façade de la noire maison d'en face où vivait la demoiselle Sturmfeder qui est morte il y a un jour. L'étudiant Nathanson raconte aux autres ce que disait sa grand-mère, qui était une fameuse sorcière, que vingt et une heures après la mort, l'âme du décédé visite la maison, sous la forme d'un vilain animal (tel que la scolopendre), ainsi elle devient très forte. Il ajoute que c'est

---

[36]*Ibid.,* p.82.

[37] *Ibid.*, p.98.

[38] *Ibid.*, p.121.

[39] *Ibid.*, p.133.

exactement vingt et une heures que la demoiselle Sturmfeder est morte et que la scolopendre est chez elle. Cette nuit, les quatre étudiants entendent des bruits indéfinissables de la maison d'en face, qui est vide où ne vit que maintenant la scolopendre. Ensuite chez eux, la porte de leur maison s'ouvrit, l'escalier gémit et il y a un éclatement de la rampe de bois sous une poussée énorme, et enfin les quatre étudiants se suicident à l'aide d'un revolver, pour se sauver de ce monstre, en pensant que c'est la demoiselle Sturmfeder, qui est revenue sous la forme de la scolopendre.

Dans la prochaine nouvelle *Quand le christ marcha sur la mer,* David Stone, le personnage principal de cette nouvelle vit dans la ville d'Ingrahm, qui se trouve au nord d'une rivière lasse Hulmar. Mais David croit que sa ville est une ville maritime ayant un port car il y a une sorte de wharf devant la porte de son bureau et en plus, il croit qu'un jour, un navire va arriver de la mer. Une nuit, David Stone assiste à une catastrophe, où il a vu « Des eaux tumultueuses, lamées de lueurs insolites, envahissaient la rue »[40], à cause de laquelle, tous les habitants de la ville d'Ingrahm meurent, excepté les deux personnes, David Stone et la chanteuse. À la fin, David assiste à deux miracles: il marche sur l'eau et ce qu'il voulait toujours voir -un navire qui est venu de la mer.

Dans *Le Psautier de Mayence,* la dernière nouvelle de ce recueil, les membres de l'équipage du bateau « Le Psautier de Mayence » assistent à des événements étranges. Les membres de l'équipage pensent que quelque chose ne va pas autour d'eux. Même le capitaine Ballister constate que: « Un ciel étrange se voutait sur la mer [...] la mer avait pris un aspect insolite »[41]. De plus, aucun oiseau ne suivait leur bateau et un jour, les membres ont vu qu'un petit troupeau de rats est venu sur le pont puis ensemble le troupeau s'est jeté à l'eau. En outre, un jour, les membres voient une cité et un être de cette cité sous-marine où ils ont vu: « des manoirs aux

---

[40] *Ibid.,* p.145.

[41] *Ibid.,* p.165.

tours immenses, des dômes gigantesques, des rues horriblement droites. » [42]

En outre, dans ce récit, il y avait un objet maléfique- des vieux livres du maître d'école qui étaient un instrument de mal. Le personnage de maître d'école était un être étrange, vu qu'il possède des pouvoirs surnaturels, comme remarque Ballister: « Le maître d'école […] poussa un hurlement de dément et j'eus l'incroyable vision de le voir se dresser debout sur les lames, les mains tendues en avant, telles des griffes menaçantes. »[43]

Et lorsque le serviteur John Copeland tire sur le maître d'école, au lieu de trouver son cadavre, il trouve seulement une « défroque vide, deux mains artificielles et une tête en cire y étaient attachées. »[44]

En somme, dans toutes les sept nouvelles, il y a des événements étranges, en apparence, surnaturels, qui se déroulent. Après avoir bien réfléchi sur les deux termes du fantastique et de la belgitude et ayant présenté l'auteur Jean Ray et notre corpus d'étude: *Le Grand Nocturne*, nous allons maintenant commencer notre analyse du fantastique chez Jean Ray, en appliquant la théorie du fantastique de Todorov sur les sept nouvelles du recueil *Le Grand Nocturne* dans le chapitre suivant.

---

[42] *Ibid.*, p.174.

[43] *Ibid.*, p.184.

[44] *Ibid.*, p.188.

CHAPITRE II
La vision todorovienne: le fantastique d'hésitation

L'objectif de notre étude dans ce chapitre, c'est d'appliquer la théorie du fantastique, proposée par Tzvetan Todorov dans son œuvre *Introduction à la littérature fantastique* (1970), autrement dit, de chercher, d'analyser les traits fantastiques proposés par Tzvetan Todorov dans les sept nouvelles du recueil *Le Grand Nocturne* de Jean Ray, afin de vérifier si le fantastique belge chez Jean Ray est un « fantastique d'hésitation ».

Pour faciliter notre analyse, ce chapitre sera divisé en trois parties. Dans la première partie intitulée « Les conditions nécessaires du fantastique », où nous allons étudier si les trois conditions pour l'existence du fantastique citées par Todorov sont respectées ou non. Dans la deuxième partie qui s'intitule « Les trois fonctions du fantastique », nous allons examiner si le fantastique chez Jean Ray remplit les trois fonctions du fantastique proposées par Todorov. La troisième partie intitulée « Les thèmes de *je* et *tu* dans *Le Grand Nocturne* », sera consacrée à l'étude des thèmes fantastiques, surtout à l'étude des thèmes fantastiques de *je* et de *tu* proposées par Todorov et enfin, en guise de conclusion pour ce chapitre, nous allons vérifier si les sept nouvelles du recueil *Le*

Grand Nocturne appartiennent au genre fantastique et non à ses genres voisins tels que l'étrange ainsi que le merveilleux.

Avant de passer à la première partie de notre étude, c'est essentiel de traiter la notion d' « hésitation ».

Le dictionnaire de français Larousse propose la définition suivante du terme d'« hésitation »: « État d'incertitude, d'irrésolution ou de crainte qui retarde le moment d'une action, d'une décision. »[45]

En d'autres termes, l'hésitation est l'état d'indécision, de doute, de peur ou d'appréhension, d'un individu face à une situation où il faut prendre une décision et pour Todorov, le fantastique égale à l'hésitation.

Ayant abordé le concept de l'hésitation, nous allons discuter les trois conditions nécessaires du fantastique dans la partie suivante.

Les conditions nécessaires du fantastique

Dans son livre, *Introduction à la littérature fantastique*, Todorov a cité les trois conditions nécessaires pour l'existence du fantastique. La première condition, c'est que le lecteur doit considérer le monde des personnages représenté dans le récit, comme un monde ordinaire, où des événements étranges se déroulent et le lecteur doit hésiter entre les deux explications-naturelle ou surnaturelle de ces événements étranges évoqués. Il faut ajouter que Todorov ne se réfère pas ici au lecteur réel, mais au « lecteur implicite ». Autrement dit, un lecteur qui doit suivre à la lettre les indications du texte, il croit à ce que le narrateur évoque.

Le concept de « lecteur implicite » a été proposé par Wolfgang Iser, un linguiste et écrivain allemand, dans son œuvre *L'acte de lecture: Théorie de l'effet esthétique*[46] (1985).

---

[45]https://www.larousse.fr/dictionnaires/francais/hésitation/39738?q=hesitation#39658 , consulté le 28 mars 2020.

[46] ISER Wolfgang, *L'acte de lecture : Théorie de l'effet esthétique*, Bruxelles, Éditions Mardaga, 1985.

La deuxième condition, c'est qu'un ou des personnage(s) du récit peuvent aussi hésiter et ainsi le lecteur pourrait s'identifier à ce personnage principal dans le récit. Et enfin la troisième condition est que le lecteur doit rejeter une interprétation poétique et allégorique du texte. En d'autres termes, le lecteur doit prendre la lecture du récit à la lettre. Todorov a ajouté en même temps que la première et la troisième condition sont nécessaires tandis que la deuxième est facultative.

Dans la première nouvelle *Le Grand Nocturne,* le personnage principal Théodule Notte croit que tous les événements étranges (la transformation de son ami d'école- Jérôme Meyer, la pluie de pierres) se sont déroulés en réalité, tandis que son ami qui l'a accompagné Hippolyte Baes insiste qu'il n'ait rien vu. De plus, Théodule croit qu'une nuit, Marie Beer, la femme qu'il aimait et qui était morte est revenue pour le retrouver. Il n'hésite pas avant d'accepter l'événement étrange de la résurrection de son amant et en entendant le clavecin sonnait, Théodule se dit: « C'est Mlle Marie! Oui, oui, je sens bien que c'est elle. »[47] Donc dans cette nouvelle, la deuxième condition n'est pas remplie car le protagoniste n'hésite pas vraiment face à des événements étranges.

Or le lecteur hésite face à des événements étranges, d'une part, en prenant les mots du narrateur à la lettre, il veut croire que tout ce qu'il raconte, d'autre part, vu que l'ami de Théodule et ses parents affirment que Théodule est malade et qu'il a tout halluciné - la transformation de son ami d'école, la pluie de pierres, comme évoque son ami: « Il est malade, dit Hippolyte Baes [...] Il a déliré tout au long du chemin. »[48] Donc le lecteur a un doute.

Ensuite, en ce qui concerne sa rencontre avec le Grand Nocturne et la résurrection de Marie Beer, le lecteur doute toujours si Théodule n'a pas halluciné tous ces événements, comme la

---

[47] RAY Jean, *Op.cit.,* p.35.
[48] *Ibid.,* p.29.

résurrection est un phénomène que les lois de notre monde ne peuvent pas expliquer. Toutefois, avant la rencontre de Théodule avec « le Grand Nocturne », le narrateur dit : « mais son esprit lui semblait clair et dépouillé de fumées »[49] ainsi le lecteur hésite encore autour de la véracité de cet événement. C'est la stratégie de l'auteur Jean Ray afin que le lecteur continue à hésiter. Donc la première condition nécessaire pour l'existence du fantastique selon Todorov est respectée dans cette nouvelle mais non la deuxième.

Dans la deuxième nouvelle *Les sept châteaux du roi de la mer*, le narrateur-personnage, le jeune homme ne croit pas au début, les paroles du vieux vagabond qui lui avait promis de le récompenser à l'équinoxe d'automne, le moment où sa puissance sera rendue à lui et qu'il va appeler le Roi de la Mer. Il croyait que le vieux vagabond était ivre. Mais après avoir assisté à l'événement étrange, lorsque le mur, en face de lui : « se fendit d'une longue ligne lumineuse, extraordinairement brillante »[50] qui s'est déroulé une nuit en prison, il reste dans l'incertitude. Il n'arrive pas à décider si l'événement étrange s'est vraiment déroulé ou non. Et même lorsqu'on demande à ce jeune homme de raconter ce qui s'est passé cette nuit en prison, il ne veut pas au début en parler et affirme que personne ne va le croire et que l'histoire leur semblerait invraisemblable. Cela nous montre qu'il est toujours dans un état d'incertitude par rapport à l'événement étrange qui est survenu en prison. Donc l'incertitude du protagoniste face à l'événement surnaturel confirme que dans ce récit, la deuxième condition est satisfaite.

Quant au lecteur, il hésite aussi avec le narrateur-personnage, entre les deux interprétations pour expliquer l'événement étrange, et il n'arrive pas à choisir une. Le lecteur implicite veut accepter tout ce que le narrateur raconte mais il hésite toujours car premièrement, accepter qu'un homme possède des pouvoirs

---

[49] *Ibid.*, p.35
[50] *Ibid.,* p.70.

surnaturels ne correspond pas aux lois de notre monde. Deuxièmement, le jeune homme qui raconte cette histoire étrange d'un vieux vagabond, possédant des pouvoirs surnaturels, était en fait en état d'ébriété, évoque l'auteur de cette manière : « La merluche était un jeune homme fort pale qui [...] luttait contre une houleuse ivresse. »[51] Et ce fait porte atteinte à la crédibilité de l'histoire qu'il raconte. Donc les deux conditions nécessaires pour l'existence du fantastique sont remplies dans cette nouvelle.

Dans la nouvelle *Le fantôme dans la cale*, le narrateur-personnage, Bunny Snooks, après avoir vu une main verte se tend vers lui, au début, il ne croit pas qu'il voit cet étrange objet, d'« une main de feu vert »[52]. Il se dit alors que c'est un rêve ou un cauchemar et qu'il le voit parce qu'il a trop bu. Il ferme et ouvre les yeux dans l'espoir que lorsqu'il va rouvrir les yeux, le fantôme aura disparu. Lorsqu'il continue à voir la main, il hésite toujours. Pour se convaincre, il dit à l'étrange objet qu'il n'existe pas, que c'est un mythe, ainsi :« [...] tu es un cauchemar...je te vois tout éveillé parce que j'ai bu énormément [...] tu es un mythe... »[53]

Or, lorsqu'il se souvient d'un bruit, un « grand râle d'agonie, au départ du cargo »[54], il pense qu'il voit le fantôme de son ami allemand qui vient de mourir. Quant au lecteur, il hésite toujours entre les deux explications. En s'identifiant au narrateur-personnage Bunny Snooks qui utilise le « je » (ce qui aide à l'identification), le lecteur est au début tenté d'accepter les mots du narrateur-personnage. Bunny snooks, qui au début de cette nouvelle, en racontant cette histoire du fantôme, à ses amis au bar, dit qu'il va les raconter une histoire vraie et terrible (d'un fantôme dans un cargo). Mais le lecteur hésite à le croire, puisqu'avant de rencontrer le fantôme dans le cargo, Bunny Snooks avait trop bu.

---

[51] *Ibid.,* p.62.

[52] *Ibid.,* p.79.

[53] *Ibid.,* p.80.

[54] *Ibid.,* p.80.

En outre, une explication naturelle de cet événement étrange (la rencontre de Bunny Snooks avec le fantôme) est fournie par un autre personnage-le capitaine du cargo. Ce dernier dit à Bunny Snooks que ce qu'il considérait comme le fantôme, était le squelette de son ami allemand, tué par la chute d'une caisse mal arrimée et les « diables » étaient en réalité, les rats qui avaient ravagé le corps de son ami. Toutefois le narrateur-personnage Bunny Snooks n'accepte pas cette explication et ainsi il et le lecteur continuent à hésiter. Dans cette nouvelle, d'après la théorie de Todorov, les deux conditions sont ainsi respectées.

Dans *La ruelle ténébreuse,* un soir, l'amie de la narratrice-personnage disparaît et une autre amie sent qu'il y a une présence invisible chez elles « Là !...là !...Une figure...Là... »[55] Et la narratrice n'ayant pas vu cette figure, elle ne croit pas qu'il y a un être invisible chez elles, toutefois elle commence à douter. Et un jour, elle entend une plainte assourdie telle que: « Môh...Môh... »[56], au début, elle pense à ses amies disparues et regarde autour d'elle, mais lorsqu'elle se sent saisi par sa robe et voit le lait baisser dans la cruche qu'elle portait. Elle pense alors, que ce pourrait être un monstre invisible.

Quant au deuxième narrateur-personnage dans cette nouvelle, Alphonse Archipêtre, il découvre que l'impasse Sainte-Bérégonne existait seulement pour lui. Mais il hésite à y   croire. Donc il questionne les habitants de la ville à propos de l'impasse Sainte-Bérégonne, même le plus ancien cocher de la ville, qui connaissait mieux la ville. Il continue à douter et se demande: « Je me demande pourquoi, dans le vaste monde, ce bizarre privilège échoit à moi seul. »[57] Et tout de suite, il pense à sa grand-mère et ce qui s'est passé ce jour-là, lorsqu'elle est morte: « Une tempête noire

---

[55] *Ibid.,* p.92.

[56] *Ibid.,* p.99.

[57] *Ibid.,* p.107.

soufflait ce jour-là [...] un immense oiseau d'orage brisa la fenêtre et vint agoniser, sanglant et menaçant, sur le lit de la morte. »[58]

Et il se dit, peut-être il y a un lien entre cet événement bizarre et la ruelle Sainte-Bérégonne. Donc les deux narrateurs hésitent et le lecteur hésite également avec eux, en s'identifiant à eux. De plus, le lecteur continue à hésiter, même après la fin d'histoire, car l'existence d'un être invisible et un monde parallèle ne sont pas acceptables dans notre monde quotidien. Donc dans cette nouvelle la première et la deuxième condition sont ainsi remplies.

Dans la nouvelle *La scolopendre*, les quatre étudiants, ils étaient en train de regarder tranquillement la lente marche de la scolopendre sur la façade de la maison d'en face. Mais après avoir entendu l'histoire qui raconte un étudiant Nathanson, au sujet de ce que disait sa grand-mère, à propos de l'âme du décédé qui visite sa propre maison, sous la forme d'un animal, ils commencent à avoir des doutes par rapport à un lien entre la scolopendre et la demoiselle Sturmfeder, qui est morte et vivait dans la maison d'en face. Ainsi, au cours du récit entier, les quatre étudiants restent dans le doute au sujet de la scolopendre. Ils hésitent entre les deux explications, une explication naturelle, comme déclare un étudiant : « Et pourtant elle est morte, morte, pleura presque Schlechtweg. » [59] Et entre l'explication surnaturelle, que la demoiselle Sturmfeder est revenue sous la forme de cette grande bête- la scolopendre. Nathanson remarque : « Il y a exactement vingt et une heures que la demoiselle Sturmfeder est morte »[60], un autre dit : « La bête est affreusement grande, murmura Bilsen »[61]. Après avoir entendu des bruits énormes, montant de la maison d'en face, qui était vide : « Pan ! Pan ! Firent les échos dans la maison d'en face »[62], et après le gémissement de l'escalier et l'éclatement de la

---

[58] *Ibid.*, p.107.

[59] *Ibid.*, p.135.

[60] *Ibid.*, p.133.

[61] *Ibid.*, p.133.

[62] *Ibid.*, p.138.

rampe de bois sous une poussée énorme, les étudiants pensent que la demoiselle Sturmfeder est revenue sous la forme de cette grande bête- la scolopendre, et qu'elle vient chez eux : « la scolopendre ! Elle vient chez nous ! »[63]

Et donc ayant peur de ce monstre, ils se suicident pour se sauver. Même après la fin d'histoire, le lecteur continue à hésiter avec les personnages entre les deux explications, à accepter ce que croyaient les étudiants ou non, vu que les quatre étudiants étaient ivres et donc ils auraient pu tout hallucinés. Donc même dans cette nouvelle, les deux conditions nécessaires pour l'existence du fantastique sont satisfaites.

Dans *Quand le christ marcha sur la mer* David Stone en marchant sur l'eau, il n'hésite pas à croire que grâce à Jésus Christ, qu'il assiste à ce miracle, qu'il marchait sur l'eau: « Je marche sur l'eau […] Oh! Jésus Christ, je n'ai pas fait appel en vain à ton plus grand miracle! »[64]

Un homme qui marche sur l'eau, ce phénomène est contre les lois de notre monde. Donc le lecteur hésite à accepter que David a vraiment marché sur l'eau, mais le personnage principal ne partage pas cette hésitation du lecteur. Ainsi le lecteur ne s'identifie à lui dans cette nouvelle. De plus, une explication pour la marche du personnage sur l'eau n'est pas fournie dans le récit. Donc le lecteur reste dans l'état du doute même après la fin d'histoire. Ainsi la première condition de fantastique de Todorov y est remplie mais non la deuxième.

Dans la dernière nouvelle *Le Psautier de Mayence,* tous les membres de l'équipage du bateau « Le Psautier de Mayence » pensent que quelque chose ne va pas autour d'eux mais personne ne peut l'expliquer, ce que remarque même le narrateur-personnage le capitaine Ballister: « La mer avait pris un aspect

---

[63] *Ibid.,* p.138.

[64] *Ibid.,* p.148.

insolite [...] malgré mes vingt ans de navigation, je ne me rappelais pas avoir vu. »[65]

Lorsque le capitaine Ballister voit le ciel étrange, il se demande « Jésus!Dis-je. Dieu! Où sommes-nous? »[66] Et il commence à avoir des soupçons à propos du maître d'école, et se demande s'il était vraiment un être normal et s'il n'était pas responsable pour des événements étranges: « Quel fut le but de cet énigmatique maître d'école en nous menant dans ces parages du diable? »[67]

Et lorsqu'il se souvient de l'expression d'effroi d'un membre et celle d'un étranger au cabaret en voyant le maître d'école, son doute augmente. Lorsqu'un membre d'équipe Jellewyne lui explique qu'ils étaient probablement sur un autre plan d'existence. Ballister hésite et demande à lui: « Mais le soleil, hasardai-je? »[68] Même lorsqu'il voit le monde sous-marin, il est choqué et demande à son compagnon pour expliquer ce qu'il voit: « Avez-vous vu, Jellewyne ou est-ce que j'ai la berlue? [...] Phosphorescence? hasardai-je? »[69]

En bref, au début, Ballister ne croit pas qu'ils étaient dans un autre plan d'existence mais en même temps, puisqu'il croit que quelque chose ne va pas autour d'eux, il hésite. Le lecteur en s'identifiant au narrateur-personnage capitaine Ballister qui utilise le « je », doute avec lui, et le lecteur a toujours un élément de doute même après la fin d'histoire, car un autre monde et un être surnaturel (le maître d'école) tout cela est invraisemblable et tout à fait contre les lois de notre monde quotidien. Donc les deux conditions du fantastique sont respectées.

Ainsi dans les sept nouvelles de Jean Ray, la première condition de l'existence du fantastique selon Todorov est respectée, ce qui

---

[65] *Ibid.,* p.165.

[66] *Ibid.,* p.167.

[67] *Ibid.,* p.169.

[68] *Ibid.,* p.168.

[69] *Ibid.,* p.173.

est une condition nécessaire. Quant à la deuxième condition, la plupart des nouvelles et des personnages, remplissent aussi cette condition (cinq sur sept nouvelles). De leur côté, les personnages hésitent aussi face à un événement étrange.

En outre, il faut souligner que dans les sept nouvelles du recueil *Le Grand Nocturne,* un monde des buveurs nous est montré. La plupart des personnages dans les sept nouvelles sont des buveurs et ils racontent une histoire extraordinaire où ils parlent des événements étranges sous l'emprise de l'alcool, ce qui permet aussi une hésitation chez le lecteur, en ce qui concerne l'événement étrange parce que l'alcool est un moyen de perdre l'esprit. Sous l'emprise de l'alcool, on peut non seulement inventer des choses ou exagérer, mais aussi parler des sujets interdits, tout comme un fou. L'alcool, comme la folie, porte atteinte à la crédibilité du personnage et de l'histoire.

Enfin, examinons la troisième condition todorovienne, selon laquelle, le lecteur doit rejeter une interprétation poétique et allégorique du texte. Le lecteur doit prendre la lecture à la lettre, et ne prend pas les mots du récit dans un autre sens, mais dans un sens littéral. Il faut que le lecteur s'interroge sur la nature des événements surnaturels dans les récits et non sur la nature des mots qui constituent ces événements surnaturels dans le récit.

Après avoir analysé les réactions du personnage et du lecteur tels que l'hésitation, le doute, l'incertitude à l'égard des événements étranges évoqués dans les sept nouvelles, nous pouvons conclure que la troisième condition est y aussi remplie, étant donné que le lecteur hésite face à des événements étranges dans toutes les sept nouvelles, comme nous venons de démontrer, ce qui vérifie que le lecteur prend les mots du récit dans un sens littéral, et croit que ce que raconte le narrateur est vrai.

Ayant vérifié que les trois conditions du fantastique de Todorov sont remplies, les deux conditions obligatoires, la première et la troisième condition, elles sont respectées dans les sept nouvelles et la deuxième condition qui est facultative, est satisfaite dans la plupart des nouvelles (cinq sur sept nouvelles), nous allons présentement étudier si le fantastique chez Jean Ray respecte les trois fonctions du fantastique proposées par Todorov dans la deuxième partie suivante.

Les trois fonctions du fantastique

Selon Todorov, il y a trois fonctions du fantastique dans un récit : la première fonction du fantastique est qu'il suscite un sentiment de peur, d'horreur ou de curiosité chez le lecteur. La deuxième, est qu'il sert la narration, tient en suspens le lecteur. Todorov insiste qu'il faut lire un récit fantastique en un ordre chronologique, du début à la fin. Et la troisième fonction, c'est la description d'un univers fantastique, cet univers qui n'existe que grâce au langage et n'existe pas en dehors du langage. Nous allons maintenant discuter de la première fonction.

D'après Todorov, dans un récit fantastique, un jour, un événement étrange se déroule dans un monde quotidien de protagoniste. Cet événement suscite un sentiment de la peur, ou de l'horreur ou de la curiosité chez le personnage principal et avec lui chez le lecteur implicite, qui s'identifie à lui, grâce au narrateur. Soit le narrateur omniscient qui ne fait pas partie de l'histoire qu'il raconte, mais qui sait tout, à propos des personnages, leurs pensées et leurs sentiments, dont la parole le lecteur ne doute pas, soit le narrateur-personnage, le narrateur qui est aussi le personnage principal du récit, qui raconte l'histoire qu'il a vécue et utilise le « je ». Ainsi le lecteur ressent tous les sentiments ressentis par le personnage principal dans les sept nouvelles.

Dans *Le Grand Nocturne* le narrateur est omniscient, il sait tout au sujet du personnage principal Théodule Notte et ce qu'il ressent: « Théodule poussa un cri de terreur, mais en même temps, une joie terrible l'envahit. »[70] L'événement étrange de la rencontre du héros avec le Grand Nocturne provoque le sentiment d'horreur chez le héros: « [...] tout son être plongea dans l'horreur. Sa main fut saisie, attirée, griffée par quelque chose d'abominable. »[71] Et avec lui, chez le lecteur qui partage ses sentiments en croyant la parole du narrateur omniscient. Ainsi, la première fonction du fantastique d'après Todorov est remplie dans cette nouvelle.

Dans *Les sept châteaux du roi de la mer* l'événement étrange qui s'est déroulé une nuit, en prison de Leeuwarden, provoque la peur chez le narrateur-personnage- le jeune homme, après avoir assisté à l'événement, il crie « Alors… Oh! Alors »[72] Ce sentiment de peur est exprimé dans cette nouvelle par les points de suspension. De plus, même en racontant l'histoire étrange du vieux vagabond, le jeune homme avait peur: « Et cette nuit-là…Mon dieu, monsieur, je préférais »[73]. En somme, le fantastique dans cette nouvelle crée le sentiment de la peur chez le lecteur, qui s'identifie au narrateur-personnage qui utilise le « je » et donc la première fonction y est respectée.

Dans *Le fantôme dans la cale* lorsque le narrateur-personnage Bunny Snooks voit une main verte se tendait vers lui, il avait vraiment peur, comme il se dit: « je parlais tout haut et posément pour combattre une abominable peur. »[74] Lorsqu'il voit le fantôme, il se cache derrière les caisses. Ensuite la transformation du fantôme et l'arrivée des diables provoquent le sentiment d'horreur chez Bunny Snooks: « Ses yeux étaient devenus d'un noir affreux [...] Des yeux s'approchèrent, des griffes aiguës fouillèrent ma chair. »[75]

---

[70] *Ibid.*, p. 49.

[71] *Ibid.*, p. 35.

[72] *Ibid.*, p.70.

[73] *Ibid.*, p.70.

[74] *Ibid.*, p.80

[75] *Ibid.*, p.83.

Ainsi l'événement surnaturel dans cette nouvelle provoque les sentiments de la peur et de l'horreur chez le héros et aussi chez le lecteur, tels que la théorie de Todorov préconise.

Dans *La ruelle ténébreuse*, les événements étranges provoquent l'horreur et la peur chez les deux narrateurs-personnages, comme constate la narratrice: « Des crimes bizarres viennent d'être commis: des cadavres déchirés avec furie sont découvertes à l'aube »[76]

Et c'est pourquoi la narratrice et ses amies ont toujours peur, comme elle évoque: « Nous vivons une vie morne de larmes et de terreur. »[77] Elles avaient peur d'une présence invisible chez elles. De même, l'impasse Saint-Bérégonne suscite le sentiment de la peur chez le narrateur-personnage Alphonse Archipêtre, lorsque ce dernier trouve un grand portail dans l'impasse, il se dit: « Et de cette porte, j'eus peur. »[78] Ce qui prouve que la première fonction y est respectée.

Dans *La scolopendre* les quatre personnages principaux, les quatre étudiants avaient si peur de la bête- la scolopendre qu'ils se suicident, avant que la scolopendre n'arrive dans leur chambre, comme dit un étudiant Bilsen « Avant que « cela » n'entre, répéta-t-il, je veux être mort. »[79] Ici le lecteur trouve cette action de se suicider par les quatre étudiants, à cause de la peur obsessionnelle de la scolopendre, comme un acte exagéré. Ce sentiment de peur est aussi exprimé dans la nouvelle par les phrases exclamatives et les points de suspension: « La scolopendre! Elle vient chez nous! » « Oh! ...avant que cela n'entre... » « Je ne pourrais jamais... »[80]

---

[76] *Ibid.*, p.93.

[77] *Ibid.*, p.93.

[78] *Ibid.*, p.121.

[79] *Ibid.*, p.139.

[80] *Ibid.*, p.138-139.

Ainsi cet événement fantastique provoque le sentiment de la peur chez les personnages et chez le lecteur. Donc le fantastique dans cette nouvelle remplit la première fonction.

Dans *Quand le christ marcha sur la mer* l'événement de la catastrophe crée l'effet de la peur chez le personnage principal David Stone et le lecteur. Ainsi raconte le narrateur: « Il se releva vivement, pourtant, effrayé par une gifle glacée. Et alors, *il* se trouva face à face avec le visage terrible du désastre. Des eaux tumultueuses, lamées de lueurs insolites, envahissaient la rue. »[81]

Et enfin dans *Le Psautier de Mayence,* le fantastique crée un effet de peur chez le narrateur-personnage le capitaine Ballister et le lecteur. Ce sentiment de peur est exprimé dans cette nouvelle par les phrases exclamatives et interrogatives, en assistant à des événements étranges, Ballister se demande plusieurs fois: « Jésus ! Dis-je. Dieu! Où sommes-nous? […] Mais où sommes-nous? Où sommes-nous? »[82]

Même à la fin, le capitaine Ballister ayant si peur du personnage étrange du maître d'école, que lorsqu'il entend son nom, il crie: « Le maître d'école! Le maître d'école! »[83] Et tombe malade gravement et meurt. Donc dans ces dernières nouvelles aussi la première fonction est remplie.

Après avoir brièvement étudié les éléments de sentiments que suscite le fantastique chez le lecteur, nous pouvons constater que la première fonction du fantastique esquissée par Todorov, est respectée dans toutes les sept nouvelles. Examinons maintenant la deuxième fonction du fantastique dans les sept nouvelles.

La deuxième fonction, est que le fantastique sert à la narration, tient en suspens le lecteur. D'après Todorov un récit fantastique a

---

[81] *Ibid.,* p.145.

[82] *Ibid.,* p.167.

[83] *Ibid.,* p.189.

une structure fixe, il y a un début typique, qui nous présente le monde ordinaire de protagoniste. Dans ce monde, un jour un événement étrange a lieu et même à la fin du récit, le mystère autour de cet événement reste parfois intact et tient le protagoniste ainsi que le lecteur en suspens. D'où vient la nécessité de lire les récits fantastiques du début à la fin, car si nous connaissons déjà la fin du récit, alors le lecteur ne va pas s'identifier au protagoniste et hésiter face à des événements étranges.

Le début de *Le Grand Nocturne* nous présente le cadre réaliste du personnage principal Théodule Notte qui vivait dans le quartier sombre de l'Ham, où une nuit chez lui, il rencontre un être surnaturel « Le Grand Nocturne ». Cet événement tient le lecteur en suspens autour de l'entité inconnue et c'est la fin qui révèle au héros Théodule que c'était son ami Hippolyte Baes qui était « Le Grand Nocturne », un être surnaturel. Il faut lire cette nouvelle du début à la fin. Si le lecteur lit ce récit du milieu ou le lecteur connaissait déjà sa fin, que c'était Hippolyte Baes, l'ami du héros, qui était « Le Grand Nocturne » alors il ne va plus s'identifier au personnage et ne va pas hésiter devant les événements étranges, ce qui nous démontre que la deuxième fonction du fantastique est remplie dans cette nouvelle.

Le début de *Les sept châteaux du roi de la mer* nous présente un jeune homme dans un bar « Phare Amusant », un lieu très fréquenté, où il raconte un événement étrange qui a eu une nuit d'automnc, en prison de Leeuwarden, qui crée le suspens chez le lecteur. Même à la fin, le mystère autour du personnage mystérieux du vieux vagabond reste intact. La troisième nouvelle *Le fantôme dans la cale* nous présente au début, le héros Bunny Snooks, dans un cargo, où un jour, il voit un fantôme, cet événement le tient et le lecteur en suspens et même après la fin l'ambiguïté autour de l'événement demeure. Ainsi dans ces deux nouvelles, la deuxième fonction du fantastique selon Todorov est également respectée.

La ruelle ténébreuse, nous présente un cadre réaliste avec la narratrice qui vivait dans la ville d'Hambourg chez ses amies, les demoiselles Ruckhardt dans la Deichstrasse où un soir, son amie disparaisse et 80 habitants de la ville disparaissent pendant cette nuit. Cet événement tient le lecteur en suspens, une fonction importante de la théorie todorovienne, autour de l'identité du meurtrier qui tue sauvagement des gens, le mystère reste intact même après la fin, autour de ce qui s'est passé à la narratrice et au narrateur, et autour de ce qui était derrière le grand portail.

La scolopendre nous présente les quatre personnages ordinaires-les quatre étudiants, qui voient un jour une bête étrange. Ce récit tient le lecteur au suspens, même à la fin le mystère reste intact, autour de ce qui s'est passé après la mort de ces quatre étudiants et autour de l'identité de l'inconnu qui est venu chez eux.

Le début de *Quand le christ marcha sur la mer nous* montre le monde du protagoniste David Stone qui vivait dans une petite ville d'Ingrahm, où un jour, David Stone assiste à une catastrophe et ensuite à la suite d'une catastrophe-le Déluge, il assiste à un miracle: il marche sur l'eau. Les événements étranges tiennent le lecteur en suspens autour de ce qui se passera au protagoniste. En bref dans *La scolopendre* et dans *Quand le christ marcha sur la mer,* le fantastique remplit la deuxième fonction préconisée par Todorov.

Au début de *Le Psautier de Mayence* le narrateur nous présente le protagoniste le capitaine Ballister dans un chalutier *Nord Caper,* qui raconte une histoire au sujet d'un voyage pendant lequel, tous les membres de l'équipage du bateau « Le Psautier de Mayence » ont disparu un par un. Il y a toute sorte de mystère, de suspens autour de la disparition des gens. De plus, il y a le suspens autour de la destination de l'équipage, où le maître d'école les menait. Le mystère reste intact même après la fin de la nouvelle. Ainsi, nous avons examiné dans les sept nouvelles, la présence d'une structure fixe, qui sert à la narration et qui suscite le suspens chez le lecteur.

Quant à la troisième fonction du fantastique dans une œuvre, c'est la description d'un univers fantastique, cet univers qui existe grâce au langage et n'existe pas en dehors du langage. Autrement dit, d'après Todorov, le surnaturel est né du langage. Le langage présente le surnaturel, ce qui n'est pas forcément présent devant le lecteur. C'est grâce aux mots que les êtres surnaturels tels que le diable, les vampires existent.

Sachant que, les êtres surnaturels, des objets maléfiques et des événements étranges caractérisent l'univers fantastique et qui existent dans le récit grâce aux mots du personnage principal ou narrateur-personnage, les mots que le lecteur prend à la lecture, comme les paroles d'évangile. Le lecteur ne doute pas la parole du personnage principal ou celle du narrateur-personnage.

Ainsi, les objets maléfiques tels que le livre : le « vieux livre rouge » dans *Le Grand Nocturne* et les livres de « le maître d'école » dans *Le Psautier de Mayence* qui sont les instruments du mal et les êtres surnaturels : Marie Beer, Le Grand Nocturne ou Hippolyte Baes dans *Le Grand Nocturne*, le vieux vagabond dans *Les sept châteaux du roi de la mer*, le fantôme d'ami du héros dans *Le fantôme dans la cale*, l'être invisible qui habite chez la narratrice dans *La ruelle ténébreuse*, la scolopendre dans *La scolopendre*, le protagoniste David Stone dans *Quand le christ marcha sur la mer* et le « maître d'école » et un être de la cité sous-marine dans *Le Psautier de Mayence*, ce sont tous nés d'une création langagière, les mots des personnages principaux ou des narrateurs à qui le lecteur s'identifie.

Nous allons présentement examiner la manière dans laquelle le surnaturel est né, autrement dit, les êtres surnaturels, des objets maléfiques et des événements étranges, qui caractérisent l'univers fantastique, selon Todorov. Étant donné que nous avons déjà discuté les événements étranges qui se déroulent dans les sept nouvelles dans le dernier chapitre, nous passons directement à l'étude des êtres surnaturels et des objets maléfiques.

Dans *Le Grand Nocturne* l'être surnaturel « le Grand Nocturne » existe car le lecteur prend les mots du protagoniste Théodule Notte dans le sens littéral, lorsqu'il évoque en parlant de « le Grand

Nocturne »: « Cette créature […] serait une sorte de valet des Grandes Puissances des Ténèbres, délégué, pour d'obscures et coupables besognes, parmi les hommes. »[84]

Dans *Les sept châteaux du roi de la mer* le vieux vagabond devient un personnage surnaturel grâce à la description du narrateur-personnage- le jeune homme qui dit: « Ce n'est qu'à cette époque que ma puissance me sera rendue, me répondit-il. »[85], sa puissance en tant que roi de la mer.

Dans *Le fantôme dans la cale*, le fantôme est né dans le récit, grâce aux mots du narrateur-personnage Bunny Snooks qui évoque: « mon ami l'Allemand était mort et son fantôme était là, revenu des abîmes. »[86]Ensuite, l'être invisible qui habite chez la narratrice dans *La ruelle ténébreuse* existe grâce aux mots de la narratrice: « La Chose, l'Être, buvait !»[87] Dans *La scolopendre* un des personnages principaux, Bilsen évoque, au sujet de la scolopendre :« La bête est affreusement grande. »[88]

Dans *Le Psautier de Mayence*, le narrateur-personnage Ballister évoque: « Le maître d'école l'entendit; il poussa un hurlement de dément »[89]. De plus, un être de la cité sous-marine est considéré un être étrange à travers les mots suivants: « […] un de ces êtres venait de surgir […] nous vîmes trois énormes tentacules, […] piquée de deux yeux d'ambre liquide. »[90]

Ainsi nous pouvons conclure que le fantastique chez Jean Ray remplit les trois fonctions du fantastique proposées par Todorov.

Les thèmes de *je* et *tu* dans *Le Grand Nocturne*

---

[84] *Ibid.,* p.33.

[85] *Ibid.,* p.70.

[86] *Ibid.,* p.80.

[87] *Ibid.,* p.100.

[88] *Ibid.,* p.133.

[89] *Ibid.,* p.184.

[90] *Ibid.,* p.174-175.

Dans cette dernière partie, nous allons étudier si l'auteur a traité dans ses nouvelles, les deux thèmes fantastiques, classés par Todorov: les thèmes de *je* et les thèmes de *tu*. Traitons premièrement les thèmes de *je*.

À la suite de la lecture de ces sept nouvelles, nous avons observé que l'auteur Jean Ray a traité les deux thèmes majeurs suivants de *je* d'un récit fantastique, selon Todorov, dans ses nouvelles : le thème de la métamorphose, qui apparait dans les nouvelles suivantes *Le Grand Nocturne, La scolopendre, La ruelle ténébreuse, Le fantôme dans la cale, Quand le christ marcha sur la mer* et dans *Le Psautier de Mayence.* Et le thème du pandéterminisme, qui apparait dans les nouvelles suivantes *Le Grand Nocturne, Quand le christ marcha sur la mer* et *La ruelle ténébreuse.*

Le terme de la métamorphose se définit comme « Changement d'un être en un autre, transformation totale d'un être au point qu'il n'est plus reconnaissable. »[91] En bref, la métamorphose signifie une altération, une mutation. Cela pourrait être une transformation des hommes en animaux ou objets, vice versa et même un changement chez une personne. Dans *Le Grand Nocturne,* ce thème apparait lorsque le personnage principal Théodule Notte voit la transformation de son ami d'école Jérôme Meyer en un autre personnage. Dans *Le fantôme dans la cale,* le personnage principal, Bunny Snooks assiste à la transformation d'un fantôme : « Ses yeux étaient devenues d'un noir affreux ; sa bouche […] sa main s'est allongée en griffe »[92]

Dans *La scolopendre* ce thème est traité comme les quatre personnages principaux croient que leur voisine, la demoiselle Sturmfeder est revenue sous forme de la scolopendre. Donc une personne qui est morte est transformée en un animal. *La ruelle*

---

[91] https://www.larousse.fr/dictionnaires/francais/métamorphose/50881?q=meta morphose#50771 ,consulté le 28 mars 2020.

[92] RAY Jean, *Op.cit.,* p.83.

ténébreuse nous présente le personnage de Meta, qui d'une femme gentille s'est transformée en une personne amère et tordue, presque un monstre cruel, obsédée par son désir de tuer l'être invisible.

Dans *Quand le christ marcha sur la mer,* David Stone, d'un être humain ordinaire, devient un être surnaturel capable de marcher sur l'eau, tout comme Jésus-Christ. Et *Le Psautier de Mayence,* nous décrit le serviteur John Copland, qui assiste à la transformation du maître d'école, en un objet, une « défroque », lorsqu'il tire sur le maître d'école, à la fin il ne trouve pas son cadavre, mais seulement « une défroque vide, deux mains artificielles et une tête en cire ont y étaient attachées. »[93] En outre, les membres de l'équipage du bateau « Le Psautier de Mayence » assistent également à la transformation de l'espace de la mer qui devant leurs yeux, le lieu de la mer rassurant devient étrange. La mer tranquille devient un lieu sinistre : « La mer avait pris un aspect insolite […] Des stries étrangement colorées la traversaient »[94] et les membres voient une cité et un être de cette cité sous-marine.

Ensuite, l'auteur Jean Ray a traité le thème du pan-déterminisme dans ses récits. Le pan-déterminisme signifie le manque de chance ou d'« hasard », autrement dit, dans un récit les événements qui ont lieu, entre ces événements il y a un lien, comme dans la nouvelle *Le Grand Nocturne* le personnage principal, Théodule Notte trouve un jour, un vieux livre rouge, qui est l'instrument de mal, chez lui. Ce même livre qu'il avait vu, il y a 5o ans, pendant son enfance, le 8 octobre, un jour inoubliable pour lui, lorsqu'il a vu certains événements étranges et c'est à travers ce livre qu'il rencontre l'être surnaturel « Le Grand Nocturne » et ressuscite Marie Beer, son amant. Donc il y a un lien entre tous ces événements et il n'y a pas de place pour le hasard dans cette nouvelle.

De même, dans *Quand le christ marcha sur la mer,* le thème du pan-déterminisme apparait. David Stone, le personnage principal croyait que sa ville était une ville maritime ayant un port car il y

---

[93] *Ibid.,* p.188.

[94] *Ibid.,* p.165.

avait une sorte de wharf devant la porte de son bureau et depuis toujours il voulait voir un navire venait de la mer qui était presque impossible dans sa ville, mais un jour, David Stone assiste à une catastrophe-le Déluge, à cause de laquelle, tous les habitants de la ville d'Ingrahm meurent, excepté les deux personnes- David Stone et la chanteuse. À la fin à la suite de la catastrophe, David assiste à deux miracles : il marchait sur l'eau et ce qu'il voulait toujours voir -un navire qui vient de la mer. C'était à cause de la catastrophe que David arrive à voir le navire, qui était : « happé par la terrible tourmente [...] le navire était là, inerte, au milieu d'un marécage. »[95]

Et enfin dans *La ruelle ténébreuse* à la fin, le narrateur Alphonse Archipêtre découvre qu'il y a un lien entre l'impasse Sainte-Bérégonne et les crimes nocturnes : « [...] je constate avec effarement que tous les crimes ont été commis le long de ce tracé. »[96]

Donc, nous venons d'étudier les différents thèmes de *je*, par exemple celui de la métamorphose et du pan-déterminisme selon Todorov. Nous allons maintenant aborder les thèmes de *tu*.

En ce qui concerne les thèmes de *tu*, Todorov a affirmé que la présence du surnaturel dans la littérature fantastique permet à l'auteur d'explorer tous ces thèmes défendus, de la sexualité (et ses diverses variations), de la mort, du crime, en bref, les thèmes fantastiques de *tu*. Le thème de la sexualité, plutôt de l'amour intense pour une femme, d'après Todorov, est abordé par l'auteur Jean Ray dans ses deux nouvelles *Le Grand Nocturne* et *La ruelle ténébreuse*. Selon Todorov, dans les récits fantastiques, le surnaturel aide souvent le personnage principal à accomplir son désir, de réaliser un amour idéal, comme dans *Le Grand Nocturne*, Théodule parvient à ressusciter son grand amour Marie Beer à l'aide des forces surnaturelles, la Grande Nocturne, comme

---

[95] *Ibid.,* p.148.
[96] *Ibid.*, p.121.

Théodule dit à Marie : « Marie, je vous ai aimée ! [...] Pour cela, j'ai obéi au livre, appelé à l'aide le… *Grand Nocturne.* »[97]

De même, dans *La ruelle ténébreuse,* le narrateur aime profondément une femme Anita, qui est une danseuse. C'est pour elle qu'il vole dans une maison dans l'impasse Sainte-Bérégonne, qui fait partie d'un monde parallèle : « Je vole éternellement, dans une même maison, dans les mêmes circonstances, les mêmes objets. »[98]

Et c'est grâce à ce monde parallèle, où il trouve des objets précieux à vendre, qu'il arrive à réaliser son amour idéal : « J'ai donné de l'or ; de l'or, moi humble professeur [...] pour un regard d'Anita. »[99]

En outre, dans les sept récits du recueil, les thématiques du crime et de la mort sont prédominantes : le meurtre de trois personnes par le personnage principal dans *Le Grand Nocturne,* dans *Les sept châteaux du roi de la mer* le meurtre du personnage principal-le jeune homme, qui était l'ancien détenu de la prison Leeuwarden, il y a eu un vol d'argent du bar par Rotten Bol, qui était un voleur. Dans *Le fantôme dans la cale,* la mort de l'ami allemand du narrateur-personnage Bunny Snooks et son ami, qui étaient aussi des voleurs.

Ensuite dans *La Scolopendre,* les quatre personnages principaux se suicident, dans *Quand le christ marcha sur la mer,* tous les habitants de la ville (excepté le personnage principal et la chanteuse) meurent à la suite d'une catastrophe, dans *le Psautier de Mayence,* on tue l'un après l'autre, tous les membres de l'équipage du bateau « Le Psautier de Mayence » et à la fin, il y a eu une tentative d'assassinat sur le capitaine Ballister et dans *La ruelle ténébreuse,* on tue sauvagement les habitants de la ville et le narrateur Alphonse Archipêtre vole plusieurs fois de la même maison les mêmes objets.

---

[97] *Ibid.*, p.49.

[98] *Ibid.*, p.118.

[99] *Ibid.*, p.110.

D'où nous pouvons conclure que dans ses sept nouvelles fantastiques, l'auteur Jean Ray utilise le surnaturel pour montrer le mal dans la société. Le monde fantastique de Jean Ray est un monde dégradé, où il y a la violence, la cruauté, la mort où beaucoup de crimes sont commis, des vols et des meurtres. Les personnages dans ses récits sont le plus souvent des criminels, des voleurs et des meurtriers.

Ayant analysé les événements surnaturels, et les réactions du personnage principal et du lecteur à l'égard de ces événements, c'est l'heure maintenant de conclure ce chapitre en constatant que les sept nouvelles appartiennent au genre fantastique et non à ses genres voisins de l'étrange, où le surgissement d'un événement étrange est justifié par une explication rationnelle à la fin du récit. Dans l'autre genre voisin du fantastique celui du merveilleux, le fait bizarre ne suscite aucun sentiment tel que la peur, l'horreur chez le protagoniste et le lecteur.

Dans *Le Grand Nocturne* la fin nous fournit une explication surnaturelle de l'événement ainsi cette nouvelle peut appartenir au genre du merveilleux mais sachant que le surnaturel dans le genre merveilleux ne provoque aucun sentiment de peur ou d'horreur chez le personnage et le lecteur, tandis que dans ce récit, le surnaturel provoque l'horreur chez le personnage et le lecteur. Ainsi cette nouvelle n'appartient pas au genre du merveilleux et appartient plutôt au genre du fantastique, possédant un élément clé du fantastique, celui d'hésitation.

Les sept châteaux du roi de la mer ne nous donne aucune explication, concernant l'événement étrange qui s'est déroulé une nuit, en prison de Leeuwarden, qui provoque la peur et l'hésitation chez le narrateur-personnage- le jeune homme. Autrement dit, le surnaturel n'est ni expliqué ni accepté dans cette nouvelle et le jeune homme et le lecteur continuent à hésiter devant l'événement étrange. Donc nous pouvons conclure que ce récit est un récit fantastique.

Puis, la dernière partie de *Le fantôme dans la cale,* fournit une explication rationnelle pour l'événement insolite, donc ce récit peut appartenir à la catégorie de l'étrange. Or comme le narrateur-personnage n'accepte pas cette explication naturelle de l'apparition du fantôme qui avait provoqué la peur et l'horreur chez lui et le lecteur, et continue à hésiter, ainsi nous pouvons remarquer que ce récit n'appartient pas au genre de l'étrange mais au fantastique. Ensuite, puisque la fin de la nouvelle *La ruelle ténébreuse* fournit une explication surnaturelle des événements, ce récit peut appartenir au genre du merveilleux. Or comme les événements surnaturels provoquent l'horreur et la peur chez les deux narrateurs-personnages et le lecteur, donc ce récit appartient au genre du fantastique vu que le lecteur continue à hésiter.

Dans *La scolopendre* même après la fin d'histoire, le lecteur continue à hésiter entre les deux interprétations pour expliquer l'événement surnaturel, ce qui nous démontre qu'il s'agit d'un récit fantastique. À la fin de récit *Quand le christ marcha sur la mer* aucune explication n'est fournie pour l'événement de la catastrophe et pour la marche du personnage sur l'eau, ce qui crée l'effet de peur chez le personnage principal David Stone et le lecteur. Et comme le lecteur continue à rester toujours dans l'incertitude face à eux, cette nouvelle respecte la condition todorovienne du récit fantastique.

La nouvelle *Le Psautier de Mayence* se termine avec une explication surnaturelle des événements (le maître d'école étant un être surnaturel), donc nous pouvons observer que ce récit peut appartenir au genre du merveilleux. Or vu que les événements surnaturels provoquent la peur chez le narrateur-personnage et le lecteur, et comme chez les deux le doute persiste même après la fin, ce récit renforce davantage le genre du fantastique.

Nous avons ainsi vérifié que les sept nouvelles du recueil *Le Grand Nocturne appartiennent* au genre fantastique et non à ses genres voisins tels que l'étrange et le merveilleux. Nous pouvons donc clore le chapitre en affirmant que le fantastique chez Jean Ray est le fantastique d'hésitation.

CHAPITRE III
La vision baronianienne: le fantastique de réaction

Dans son ouvrage intitulé *Panorama de la littérature fantastique de langue française,* l'écrivain Baronian entreprend de définir le fantastique et tente également de tracer son évolution au cours des siècles. Baronian y désigne le fantastique comme une notion que les récits énoncent et décrit le fantastique belge comme le « fantastique de réaction »[100] « venant d'écrivains décidés à dénoncer le conformisme d'un mode de vie étriqué. »[101]

En outre, Marc Lits explique la raison de la suprématie du genre fantastique d'expression française ou de « L'école belge de l'étrange » en Belgique, par un phénomène de réaction, en ces mots suivants : « [...] un phénomène de réaction à ce qui se fait en France. La France se caractérise par une littérature d'analyse [...] le Belge [...] tourne vers une littérature du surnaturel, parce qu'en France, apparemment, il n'y en avait pas. »[102]

---

[100] *Ibid.*, p.244.

[101] LITS Marc, *Op.cit.,* p.12.

[102] *Ibid.*, p.14.

Baronian a dédié un chapitre entier dans son livre indiqué ci-dessus à « L'école belge de l'étrange », et le représentant le plus important de cette école, d'après Baronian, est l'auteur Jean Ray dont les récits que nous sommes en train d'examiner dans ce projet.

Nous venons d'analyser les nouvelles du recueil *Le Grand Nocturne* selon la théorie de Todorov dans le chapitre précédent. Le présent chapitre a pour but de l'application de la théorie baronianienne, proposée dans son ouvrage *Panorama de la littérature fantastique de langue française*, sur les nouvelles du recueil *Le Grand Nocturne*. Nous allons ainsi analyser les traits fantastiques belges proposés par Baronian, et nous allons ensuite vérifier si le fantastique belge chez Jean Ray est un « fantastique de réaction ».

Ce chapitre consistera en trois parties. La première partie intitulée « Le thème de révolte », aura pour objet la thématique de la révolte, étant donné que pour Baronian le fantastique belge se manifeste par la révolte. Nous allons traiter le thème de la révolte, la révolte contre le monde réel et ses conventions dans les nouvelles du recueil *Le Grand Nocturne*. La deuxième partie intitulée « Le rapport entre les hommes et les êtres surnaturels », se consacrera à l'examen du rapport entre les êtres surnaturels et les hommes dans les récits de Jean Ray, comme selon Baronian il existe un rapport unique entre les hommes et les créatures fantastiques dans les récits fantastiques de Jean Ray. En somme, nous allons vérifier s'il existe véritablement un rapport privilégié entre les entités surnaturelles et des personnages humains dans les nouvelles de Jean Ray. Enfin, la troisième partie qui s'intitule « Le monde parallèle » vise à l'exploration du thème du monde parallèle dans les nouvelles de Jean Ray, comme selon Baronian, Jean Ray dans ses récits, interroge une autre réalité.

Le thème de révolte

Dans son livre *Panorama de la littérature fantastique de langue française* Baronian explique qu'un récit fantastique belge nous présente un rejet de la réalité, une révolte contre le monde réel, ses lois naturelles et une révolte contre le conformisme du monde quotidien, dont les paysages sont selon lui,« […] figés, éternellement identiques à eux-mêmes, voire rassurants, presque trop sages et dociles […] Dans une telle optique, le fantastique s'apparente à une révolte […] la volonté farouche de déranger la toute suprématie d'un ordre établi.»[103]

De plus, Baronian a affirmé que la raison d'être du fantastique belge est d'inciter les lecteurs à questionner ce monde réel. Baronian explique en plus, dans son œuvre, *Un nouveau fantastique*[104] (1977) en introduisant la notion d'une « atmosphère d'étrangeté immédiate » [105] dans un récit fantastique. Selon Baronian, l'intrusion d'un événement surnaturel dans le cadre d'un monde réel de protagoniste crée une certaine sorte d'ambiance, celle de l'« atmosphère d'étrangeté immédiate ». Cette atmosphère provoque une « déroute du réel »[106] , c'est-à-dire, elle mène le personnage principal du récit et le lecteur avec lui, à questionner le réel, ou la réalité du monde quotidien, et dernièrement à un rejet de la réalité de ce monde et ses conventions opprimées.

En ce qui concerne le thème de la révolte, il se définit comme le « Refus du conformisme, bouleversement des règles établies. »[107] D'après Baronian, dans le monde des récits fantastiques belges, il y a une transgression des lois du monde ordinaire, le refus de respecter les normes établies et le fantastique belge: « s'insurge avec force contre le conformisme »[108] affirme Baronian.

---

[103] BARONIAN Jean-Baptiste, *Panorama de la littérature fantastique de langue française*, *Op.cit.*, p.244.

[104] BARONIAN Jean-Baptiste, *Un nouveau fantastique*, Lausanne, Éditions l'âge d'homme, 1977.

[105] *Ibid.*, p.13.

[106] *Ibid.*, p.13.

[107] https://www.cnrtl.fr/definition/revolte, consulté le 28 mai 2020.

[108] BARONIAN Jean-Baptiste, *Panorama de la littérature fantastique de langue française*, *Op.cit.*, p.244.

Nous allons présentement étudier le thème de la révolte dans les sept nouvelles du recueil *Le Grand Nocturne* dans la partie qui s'ensuit.

Ayant vérifié dans le premier chapitre de notre étude que dans toutes les sept nouvelles du recueil se déroulent les événements surnaturels, c'est-à-dire un « événement en apparence surnaturel »[109] un événement que nos lois de la nature, les lois de notre monde quotidien que nous connaissons, ne peuvent pas expliquer, selon Todorov. Et en gardant à l'esprit la définition suivante du mot « surnaturel » proposée par le dictionnaire de français Larousse, en ligne: « Qu'on juge ne pas appartenir au monde naturel, qui semble en dehors du domaine de l'expérience et échapper aux lois de la nature. »[110]

Ainsi il est possible d'affirmer que la présence du surnaturel dans tous les récits signifie qu'il y a déjà une violation des lois du monde naturel dans tous les sept récits. Donc les êtres surnaturels tels que Marie Beer, « Le Grand Nocturne » ou Hippolyte Baes dans *Le Grand Nocturne*, le vieux vagabond dans *Les sept châteaux du roi de la mer*, le fantôme d'ami du héros dans *Le fantôme dans la cale*, l'être invisible qui habite chez la narratrice dans *La ruelle ténébreuse*, la scolopendre dans *La scolopendre*, le protagoniste David Stone dans *Quand le christ marcha sur la mer*, le maître d'école et un être de la cité sous-marine dans *Le Psautier de Mayence*, ils sont tous contre les lois naturelles du monde réel.

De même, les objets maléfiques tels que le livre: le « vieux livre rouge » dans *Le Grand Nocturne* et les livres de maître d'école dans *Le Psautier de Mayence*, qui sont les instruments du mal, n'appartiennent pas à notre monde réel. De ce fait, nous pouvons considérer que le fantastique belge est une révolte contre les lois naturelles du monde réel. Il nous reste de vérifier si le fantastique dans les sept nouvelles est également une révolte contre le monde

---

[109] TZVETAN Todorov, *Op.cit.,* p. 29.

[110] Source:http://www.larousse.fr/dictionnaires/francais/surnaturel_surnaturelle /75798, consulté le 26 mars 2020.

réel et ses paysages identiques, c'est-à-dire une révolte contre le monde apparemment tranquille, monotone, presque « rassurant », d'après Baronian.

Selon Baronian, la base d'un récit fantastique belge est le monde quotidien, comme il affirme: « […] le fantastique n'a pas d'autre décor, n'a pas d'autre structure d'accueil que le monde quotidien » [111]

Le monde réel où il y a « le surplus de banalités » [112], où selon l'auteur belge Asa Josefson, le surgissement de l'événement surnaturel un jour, favorise la remise en question de ce monde, le monde qui par conséquent, se transforme sous les yeux de protagoniste, car ses lois sont violées, ne sont plus valables, les lois qui géraient ce monde et qui étaient considérées comme immuables.

À la suite de la lecture de récits du recueil *Le Grand Nocturne*, nous avons observé que dans toutes les sept nouvelles, l'écrivain Jean Ray a utilisé la stratégie de la défamiliarisation[113], dont parle le théoricien américain Charles E. May dans le genre de récit bref, dans son essai, *The Nature of Knowledge in Short Fiction* (1984) en ces termes : « Le roman existe à réaffirmer le monde de la réalité « quotidienne », la nouvelle existe à défamiliariser le quotidien. »[114]

En ce sens, l'écrivain a utilisé une procédure de rendre le familier -étrange et le connu- inconnu, où il a rendu un lieu familier, ordinaire, étrange, par l'intervention du surnaturel dans cet univers familier de protagoniste, afin de déranger la

---

[111] BARONIAN Jean-Baptiste, *Un nouveau fantastique, Op.cit.,* p. 16.

[112] *Ibid.*, p.244.

[113] Le terme "défamiliarisation" a été fabriqué par Viktor Shklovsky en 1917 dans son essai intitulé « Art as Device ».

[114] Comme le dit Charles E. May:
« The novel exists to reaffirm the world of 'everyday' reality; the short story exists to 'defamiliarize' the everyday. »
Dans MAY Charles E., "The Nature of Knowledge in Short Fiction" in *Studies in Short Fiction*, Vol. 21 Issue 4, 1984, p.327-338.

compréhension de personnage principal, en ce qui concerne le monde quotidien, ce que nous allons attester dans la partie suivante.

Dans la nouvelle *Le Grand Nocturne,* c'est dans la maison du personnage principal Théodule Notte qui vit dans le quartier réel d'Ham, dans la ville réelle de Gand, qu'une nuit, un événement surnaturel a lieu, l'apparition d'un être surnaturel, « Le Grand Nocturne », ce qui incite le protagoniste et le lecteur à interroger la réalité du monde réel. Puis dans la deuxième nouvelle *Les sept châteaux du roi de la mer*, l'incipit du récit met en place un décor vraisemblable et familier d'un bar: « Le petit bar hollandais était plein de bruit »[115]. Dans ce récit, l'événement étrange se déroule une nuit dans un lieu familier (pour le protagoniste) de la prison de Leeuwarden, où vivait tranquillement le protagoniste depuis longtemps, lorsqu'une nuit, après avoir assisté au fait étrange de la fissure du mur en face de lui, il s'évade vite de ce lieu familier.

Dans la prochaine nouvelle *Le fantôme dans la cale* le protagoniste Bunny Snooks est un voleur, habitué à voler dans les cargos. C'est dans l'espace très fréquenté d'un cargo, dans la cale du Fulmar, un cargo rempli de caisses de l'alcool que le protagoniste voit une nuit, l'apparition d'un fantôme « Un doigt vert, bizarrement lumineux , se tendait vers moi du fond de la nuit »[116], l'événement qui transforme le lieu rassurant en un véritable enfer pour le protagoniste. Dans *La ruelle ténébreuse*, la narratrice vivait bien avec les demoiselles Ruckhardt dans leur appartement dans la Deichstrasse, où un soir, tout change lorsqu'une de ses amies est attaquée par un être invisible et disparait de leur domicile, comme raconte la narratrice: « Ce soir, qui introduisait la plus affreuse des épouvantes dans notre chère et calme vie »[117]. De plus, le narrateur Alphonse Archipêtre découvre un jour l'existence d'un espace parallèle de l'impasse Sainte-Bérégonne que seul il peut

---

[115]RAY Jean, *Op.cit.,* p.61.

[116] *Ibid.,* p.79.

[117] *Ibid.,* p.88.

voir et accéder. Cet espace qui se situe dans la ville d'Hambourg où vivait le narrateur.

Dans la ruelle intercalaire de Sainte-Bérégonne, le narrateur trouve trois petites maisons identiques et dans toutes ces trois maisons, il trouve la même cuisine, les mêmes meubles, les mêmes objets et le même mur devant lequel s'achève un escalier qui ne menait nulle part. En outre, l'auteur utilise les mots tels que: « si banal, si ordinaire, si médiocre! »[118] et « si rassurant »[119] pour décrire cet espace. Ce sont des astuces de la part de l'auteur Jean Ray pour renforcer la banalité de l'espace.

Dans *la scolopendre,* les quatre étudiants remarquent un jour, de leur maison, la présence d'un animal étrange, de la scolopendre, sur la façade de la noire maison d'en face, et la présence de l'être étrange de la scolopendre transforme leur maison familiale en une maison d'horreur et les étudiants finissent par se suicider.

Dans la prochaine nouvelle *Quand le christ marcha sur la mer,* David Stone, le personnage principal de cette nouvelle vivait dans la ville d'Ingrahm, et c'est dans cette petite ville qu'une nuit, David Stone assiste à la catastrophe-le Déluge, qui métamorphose complètement la ville d'Ingrahm et cause la mort de tous ses habitants, à l'exception de la chanteuse et du protagoniste David Stone dans « une ville qui brulait, s'écroulait, se noyait »[120] raconte le narrateur.

Dans *Le Psautier de Mayence,* les membres de l'équipage du bateau « Le Psautier de Mayence » commence leur voyage pendant « un printemps extrêmement doux »[121], où « L'atmosphère était agréable et familière » [122] mais un jour, ils remarquent que devant leurs yeux, le lieu rassurant de la mer devient un endroit étrange. La mer, d'un espace tranquille se transforme en un lieu sinistre: « La mer avait pris un aspect insolite [...] Des stries étrangement

---

[118] *Ibid.,* p.106.

[119] *Ibid.,* p.116.

[120] *Ibid.,* p.146.

[121] *Ibid.,* p.158.

[122] *Ibid.,* p.171.

colorées la traversaient »[123] et les membres voient une cité et un être de cette cité sous-marine.

D'où il est possible de résumer que l'auteur Jean Ray a utilisé la stratégie de la défamiliarisation, pour manifester une révolte contre les paysages du monde quotidien qui sont selon lui banals, afin d'inciter le protagoniste et le lecteur à interroger la réalité de ce monde réel, ce qui est d'après Baronian la raison d'être du fantastique belge. Par conséquent, nous soutenons que le fantastique belge chez Jean Ray se manifeste par une révolte contre les lois naturelles et par une révolte contre la réalité du monde réel.

Sachant que pour Baronian, la relation entre les êtres non-humains et les hommes occupe une place prépondérante dans les récits fantastiques de Jean Ray, nous proposons d'examiner le rapport entre les hommes et les êtres surnaturels dans les sept nouvelles dans la partie suivante.

Le rapport entre les hommes et les êtres surnaturels

D'après Baronian, il existe un véritable lien étroit entre les hommes et les êtres surnaturels dans les récits fantastiques de Jean Ray, évoque Baronian, de cette façon: « […] l'essentiel du fantastique de Jean Ray est le rapport entre les entités non humaines et les hommes. » [124]

Il est intéressant de constater que contrairement aux autres récits fantastiques, où l'être surnaturel est un être maléfique, comme l'entité invisible dans la nouvelle fantastique *Le Horla*[125] (1887) de Guy de Maupassant, un auteur français très important de la littérature fantastique du XIXe siècle, ou la statue diabolique de Vénus dans la nouvelle fantastique *La Vénus d'Ille*[126] (1837) de

---

[123] *Ibid.*, p.165.

[124] BARONIAN Jean-Baptiste, *Panorama de la littérature fantastique de langue française, Op.cit.,* p.256.

[125] MAUPASSANT Guy de, *Le Horla,* Paris, Albin Michel, 1986.

[126] MERIMEE Prosper, *La Vénus d'Ille,* Paris, Librairie Larousse, 1975.

l'historien et écrivain célèbre français Prosper Mérimée, dans les récits fantastiques de Jean Ray, l'être surnaturel devient moins affreux, plus humain, tandis que l'être humain devient plus monstrueux, moins humain, quelqu'un qui peut affronter les êtres surnaturels et peut même les vaincre.

Comme la nouvelle *Le Grand Nocturne* présente d'une part, le protagoniste, Théodule Notte, un être humain, comme un monstre qui tue trois personnes en obéissant au livre rouge, afin d'appeler son amante Marie Beer, qui est morte. D'autre part, l'histoire présente l'être surnaturel « Le Grand Nocturne » comme un être faible, qui arrive chez Théodule pendant une nuit, l'attaque mais Théodule lutte contre lui, se sauve et c'est l'entité non humaine qui subit une défaite: « l'ennemi ténébreux avait subi une défaite et souffrait. »[127]

De plus, la créature surnaturelle « Le Grand Nocturne » aide Théodule à réaliser son plus cher désir de ressusciter son amant de la mort et la fin du récit révèle que « Le Grand Nocturne » était en réalité son meilleur ami, Hippolyte Baes. Leur rapport d'amitié existait depuis le 8 octobre, la journée inoubliable (pour Théodule), comme évoque le narrateur: « De cette journée data sa grande amitié pour Hippolyte Baes »[128]. L'être surnaturel essaie de même protéger son ami Théodule des forces obscures en lui défendant de ne jamais entrer dans le salon du capitaine Soudan où Théodule a trouvé le vieux livre rouge, le livre maudit. Même à la fin d'histoire, c'est son ami Hippolyte Baes qui aide et sauve le protagoniste du commissaire en l'emmenant dans un autre monde. De cette manière, l'auteur nous présente tout au long du récit, le rapport insolite d'amitié entre l'entité non humaine Hippolyte Baes (ou « Le Grand Nocturne ») et l'être humain le protagoniste Théodule Notte, ce qui est peu commun ou rare dans les récits fantastiques.

---

[127] RAY Jean, *Op.cit.*, p.36.
[128] *Ibid.*, p.31.

Dans la deuxième nouvelle *Les sept châteaux du roi de la mer,* l'être fantastique est un vieux vagabond, décrit par le jeune homme ainsi: « c'était un homme doux et sympathique »[129], comme un homme nécessiteux: « Il n'avait pas un sou et ne pouvait s'octroyer de suppléments à la cantine »[130] ajoute le jeune homme. Ce vieux vagabond vivait en prison de Leeuwarden, à qui aide le protagoniste, en lui donnant des biscuits et du tabac. De cette façon, se développe une franche camaraderie entre eux et le vieux vagabond promet au jeune homme de lui récompenser à l'équinoxe d'automne, lorsque sa puissance sera rendue à lui. La fin de ce récit nous dévoile que ce jeune homme est tué par un homme sans scrupules nommé Rotten Bol, qui le tue pour terminer son vol des billets du bar. Plus tard, le voleur Rotten Bol va en prison de Leeuwarden et ce dernier, dépense tout son argent en s'occupant des vieillards de la geôle dans l'espoir d'y rencontrer un jour, ce vieux vagabond dont parlait le jeune homme.

Dans la prochaine nouvelle *Le fantôme dans la cale,* le personnage principal, Bunny Snooks, un voleur, qui entre dans la cale du Fulmar, un cargo, rempli de caisses de l'alcool pour voler, y rencontre un homme allemand. Ils se parlent et deviennent amis peu après. Après la mort de son ami allemand, lorsque Bunny Snooks voit son fantôme, il parle au fantôme de son ami et essaie de lui convaincre de l'épargner, mais il finit par attaquer lui-même le fantôme, comme il admet : « Rageusement, j'empoignai dans l'ombre une bouteille […] je lançai la bouteille vide vers le fantôme […] et encore une autre ; et comme la caisse se vidait un peu, je l'empoignai et, de toutes mes forces, je l'envoyai vers la patte maudite. » [131]

À la fin Bunny Snooks se sauve d'un être fantastique, d'un fantôme, mais fini par être violemment battu par les hommes, les matelots et le capitaine du cargo qui le trouvent dans la cale.

---

[129] *Ibid.*, p.70.

[130] *Ibid.*, p.70.

[131] *Ibid.*, p.81.

La nouvelle La *ruelle ténébreuse,* nous présente une relation de caractère insolite entre la narratrice et un être invisible. La narratrice découvre un jour, la présence d'un être invisible chez elle, comme elle remarque: « Il y a une présence dans la maison, mais une présence souffrante et blessée »[132]. La narratrice constate que l'être invisible pleure et ne boit que du lait, qu'il se comporte comme un bébé et la considéré comme sa mère. Elle décrit leur rapport ainsi: « L'Être est devenu imprudent. Il cherche à me voir; brusquement, je le sens autour de moi […] c'est un sentiment de grande tendresse qui m'entoure. »[133]

Et comme une mère, la narratrice nourrit et protège l'être surnaturel de son compagnon Méta, qui était en train de chercher l'Être pour le tuer. La narratrice subit même les foudres de sa compagne Méta qui se comporte comme un démon, lorsqu'elle découvre le secret de la narratrice, que ce dernier aidait l'être invisible: « Tu lui as rendu des forces, alors qu'il se mourait ici, de la blessure […] Car il est vulnérable, ton fantôme! […] La figure de Méta se convulsa en un masque de fureur démoniaque »[134]

Elle attaque son ami la narratrice et c'est l'être invisible qui sauve la narratrice de Méta et même la supplie d'épargner leur vie.

Nous pouvons observer dans ce récit que les êtres surnaturels sont présentés par le nouvelliste belge comme des faibles, qui éprouvent des sentiments humains tels que la tendresse pour la narratrice et le courage d'avoir sauvé la narratrice de son ami. Les entités qui ne restent que puissants pendant la nuit, mais dès l'aube, ils deviennent impuissants. Par contre, un personnage humain de Méta est décrit comme « une figure sauvage »[135], plus monstrueux que l'être surnaturel.

Dans *La scolopendre* dès le début de la nouvelle, les quatre étudiants semblent être obsédés par la scolopendre comme

---

[132] *Ibid.,* p.98.

[133] *Ibid.,* p.101.

[134] *Ibid.,* p.102.

[135] *Ibid.,* p.99.

Schlechtweg, le troisième étudiant dit: « Voici plus d'un quart d'heure que cette petite saleté nous tient le regard rive sur son million de pattes »[136]

Les quatre étudiants sont même prêts à combattre l'être étrange: « Deux heures à boire de l'alcool [...] avant d'affronter cette vermine inconnue »[137], évoque un d'eux. Ensuite la fin de la nouvelle *La scolopendre,* révèle que les quatre étudiants se suicident pour se sauver du fantôme de la demoiselle Sturmfeder, sous la forme de l'animal de la scolopendre. Ayant vu la scolopendre, les étudiants vivaient dans la peur de cet être, mais ce qui est intéressant à noter, c'est que ce n'est pas l'être étrange qui les tue, mais leur propre peur qui les incite à se suicider.

Dans la prochaine nouvelle *Quand le christ marcha sur la mer,* David Stone, le personnage principal de ce récit, à la fin, après avoir prié Jésus-Christ, pour un miracle afin de sauver la chanteuse de mourir noyée, il assiste à un miracle, il commence à marcher sur l'eau et sauve ainsi la chanteuse. En marchant sur l'eau, il crie: « Je marche sur l'eau, jubila-t-il, je marche! »[138] Et il remercie Dieu « Oh! Jésus Christ, je n'ai pas fait appel en vain à ton plus grand miracle! »[139] Donc David Stone, d'un être humain ordinaire, devient un être surnaturel capable de marcher sur l'eau, tout comme Jésus-Christ, qui a marché sur la mer, vers la barque de ses disciples en mer, au milieu d'un orage, comme décrit un épisode biblique, auquel le titre de cette nouvelle fait référence. À travers ce miracle accompli par David qui marche sur l'eau pour sauver la chanteuse, l'auteur nous montre un être surnaturel en tant qu'être bienfaisant.

Dans la dernière nouvelle de ce recueil *Le Psautier de Mayence,* l'auteur nous présente le personnage du maître d'école, un être étrange qui embauche les six membres de l'équipage du bateau

---

[136] *Ibid.,* p.133.

[137] *Ibid.,* p.134.

[138] *Ibid.,* p.148.

[139] *Ibid.,* p.148.

« Le Psautier de Mayence », y compris le capitaine Ballister, le protagoniste du récit, pour faire une croisière. Le maître d'école, un personnage étrange est au début décrit par le capitaine Ballister comme un « homme convenable et bien élevé »[140]. Dès le début du récit, le narrateur présente le maître d'école comme un homme raisonnable, travaillant en tant que maître d'école dans le Yorkshire. Il est estimé par le protagoniste comme un personnage amical, qui se passionne pour l'alcool et le savoir, un homme qui exprime comme tout être humain le sentiment humain de la rage, lorsqu'il n'arrive pas à convaincre le capitaine Ballister de ne pas brûler ses livres.

D'où nous pouvons supposer que dans les sept nouvelles du recueil *Le Grand Nocturne*, il y a une tentative de la part de l'écrivain Jean Ray, d'une part, d'humaniser les personnages surnaturels et de l'autre, de déshumaniser les êtres humains.

De plus, selon le chroniqueur Joseph Duhamel, les personnages humains qui combattent l'être fantastique ne sont pas des innocents, ce qu'il évoque ainsi: « Fréquemment, chez Jean Ray, les personnages qui affrontent [...] l'inconnu sont *déjà* coupables »[141]. Et nous constatons que la plupart des personnages humains dans les nouvelles du recueil *Le Grand Nocturne* ont commis une faute de conduite délictueuse, ou au moins ils ont un défaut.

Dans *Le Grand Nocturne* les trois meurtres sont commis par Théodule Notte, puis le protagoniste le jeune homme dans *Les sept châteaux du roi de la mer* était un ancien détenu en prison de Leeuwarden. Ensuite le protagoniste Bunny Snooks de *Le fantôme dans la cale* était un voleur, la narratrice dans *La* ruelle *ténébreuse* était « complice des fantômes »[142] et le narrateur Alphonse Archipêtre, il vole plusieurs fois dans une même maison. Et dans *La scolopendre* l'ivresse et la peur obsessionnelle de la

---

[140] *Ibid.,* p.164.

[141] DUHAMEL Joseph, « Jean Ray, Un Narrateur Dans Le Monde Parallèle », Source : [En ligne] https://journals.openedition.org/textyles/1900, consulté le 02 mars 2020.

[142] RAY Jean, *Op.cit.,* p.100.

scolopendre, des quatre étudiants, et enfin l'ivresse et la stupidité du capitaine Ballister dans *Le Psautier de Mayence*. Ce sont tous des défauts des personnages humains des récits du recueil *Le Grand Nocturne*. Apparemment l'écrivain belge tente de justifier, de cette manière, que les personnages humains dans ses récits paient le prix pour leurs péchés.

Donc, nous pouvons terminer cette partie en affirmant qu'il existe un rapport extraordinaire dans la plupart des nouvelles, entre les êtres surnaturels et entre les personnages humains des récits. En outre, nous assistons à la déshumanisation des personnages humains, qui se montrent comme des êtres cruels et monstrueux, qui ont tous un défaut, un nombre d'entre eux sont des criminels, des meurtriers et des voleurs. Et curieusement nous assistons aussi à l'humanisation des êtres surnaturels dans les sept nouvelles, où les entités surnaturelles se comportent comme des êtres humains et éprouvent même des sentiments humains.

Ensuite, pour démontrer « la précarité du monde »[143] quotidien, l'auteur Jean Ray introduit dans son univers de récit fantastique, un autre monde, celui du monde parallèle, un autre thème qui occupe une place très importante dans le genre du fantastique belge, surtout dans les œuvres de Jean Ray, selon Baronian. C'est dans la partie suivante que nous allons aborder ce thème dans les récits de Jean Ray.

Le monde parallèle

L'écrivain belge Jacques Carion, dans la postface du livre de Jean Ray, Le *Grand Nocturne; Les Cercles de l'Épouvante* affirme à propos du monde parallèle que: « Cet autre monde […] il est situé sur un autre plan que l'univers quotidien, mais à côté de lui, derrière le décor le plus   traditionnel. » [144]

---

[143] BARONIAN Jean-Baptiste, *Panorama de la littérature fantastique de langue française, Op.cit.,* p.244.
[144] RAY Jean, *Op.cit.,* p.349.

Autrement dit, le monde parallèle se réfère à un monde qui se ressemble à notre monde réel, quotidien, mais qui a ses propres lois, normes, ses propres dimensions d'espace et du temps et souvent il n'y a pas de lien entre les événements qui ont lieu dans les deux univers réels et parallèles. Le thème du monde parallèle est normalement un thème central des genres voisins du fantastique, tels que les genres imaginaires du merveilleux et de la science-fiction. Plusieurs auteurs ont exploité le thème de monde parallèle dans leurs œuvres. Le monde magique dans la série des *Harry Potter*[145], est un monde parallèle. Ensuite, dans *Le Monde de Narnia*[146] le royaume imaginaire de Narnia, un monde magique où les animaux parlent, et dans le film *Les Animaux fantastiques*[147] la valise du personnage de Newt Scamander où ce dernier cache des créatures magiques, font partie également d'un univers parallèle.

Cependant selon Baronian, Jean Ray exploite le thème du monde parallèle dans ses récits fantastiques où il rejette le monde réel et propose une autre réalité, une réalité parallèle pour déranger les conventions du monde quotidien. Baronian explique de plus que Jean Ray introduit dans ses récits fantastiques un monde parallèle afin d'« expliquer le surnaturel par une logique surnaturelle »[148]. Jean Ray présente et interroge une autre réalité, ce que Baronian désigne comme une « réalité intercalaire » [149] ou un espace intercalaire, un espace qui est inséré dans le monde quotidien, tout comme la maison familiale (du 12 Square Grimmaurd) de Sirius Black, le parrain de Harry Potter dans le roman de *Harry Potter*

---

[145] *Harry Potter* est une série de sept romans de fantasy écrite par l'auteure britannique J. K. Rowling, publiée entre les années 1997-2007.

[146] *Le Monde de Narnia* est une œuvre littéraire en sept tomes de l'écrivain irlandais C. S. Lewis, publiée entre les années 1950 et 1956.

[147] *Les Animaux fantastiques* est un film de fantasy, réalisé par David Yates, sorti en 2016.

[148] BARONIAN Jean-Baptiste, *Panorama de la littérature fantastique de langue française, Op.cit.,* p.254.

[149] *Ibid.,* p.253.

and the Order of the Phoenix[150] (2003), qui devient le quartier général de l'Ordre de Phénix. Il faut souligner que ce monde parallèle/intercalaire n'existe pas pour tout le monde mais n'existe que pour le peuple élu.

Dans la nouvelle *Le Grand Nocturne,* la Taverne de l'Alpha est un espace qui n'existe pas dans le monde réel. Cette taverne fait partie du monde parallèle ou intercalaire puisque la taverne est insérée par l'auteur dans le monde réel de la ville de Gand et qui n'existe pas pour les autres et est seulement réservée pour le protagoniste Théodule Notte à certains moments : « Cette taverne n'existait pas pour Sanders ni pour d'autres car elle se situait hors du temps du bon commissaire et de ses concitoyens. »[151]

De plus, même à la fin du récit, lorsque Théodule Notte et son ami Hippolyte Baes sont à la Taverne de l'Alpha et le commissaire arrive pour arrêter Théodule, Hippolyte l'aide à fuir en l'emmenant dans un autre monde.

Dans La ruelle ténébreuse, le narrateur Alphonse Archipêtre remarque qu'il y a une rue, l'impasse Sainte-Bérégonne qui existe seulement pour lui :« […] l'impasse Sainte-Bérégonne […] Elle n'existe, ni pour le pour le cocher, […] ni pour personne ; elle existe pour moi   seul ! »[152]

Cette ruelle est un espace intercalaire, un espace inséré dans le monde réel, l'impasse Sainte-Bérégonne qui se situe « entre la distillerie Klingbom et un grainetier anonyme »[153] dans la ville d'Hambourg, qui fait partie du monde réel. Dans cet espace le narrateur découvre trois petites maisons identiques et c'est dans une de ces trois petites maisons que la narratrice se trouve seule avec l'être invisible familier.

Dans *Le fantôme dans la cale*, à la suite de l'apparition du fantôme, pour un bref moment, le personnage principal Bunny

---

[150] ROWLING Joanne Kathleen, *Harry Potter and the Order of the Phoenix,* Vancouver, Raincoast Books, 2003.

[151] RAY Jean, *Op.cit.,* p.50.

[152] *Ibid.,* p.105-106.

[153] *Ibid.,* p.105.

Snooks se sent qu'il est entré dans un autre monde, le « Monde Éternel des Épouvantes »[154] le monde qui n'existait que pour lui, pour une durée limitée où il assiste à la transformation du fantôme.

Le protagoniste David Stone dans *Quand le christ marcha sur la mer,* vivait dans son petit monde, presque dans un autre monde où il pense qu'il vivait dans une ville maritime, ayant un port, comme mentionne l'auteur : « David Stone croyait que c'était une ville maritime.»[155] Et il croyait qu'un jour, un navire va y arriver de la mer, tandis qu'en réalité David vivait dans une petite ville n'ayant qu'une rivière lasse, où un jour, à la suite de la catastrophe, le Déluge, il assiste à deux miracles. De cette manière, le monde ordinaire de protagoniste se transforme en un autre monde, le monde tel que désiré par le protagoniste. C'est en ce sens que l'auteur a présenté le thème du monde parallèle dans ce récit.

Ensuite dans la dernière nouvelle de ce recueil *Le Psautier de Mayence*, le maître d'école emmène les six membres de l'équipage du bateau « Le Psautier de Mayence » à un autre monde, qui se distingue de notre monde quotidien, comme remarquent un jour les membres que: « Un ciel étrange se voutait sur la mer grondante; les constellations familières n'y étaient plus; des astres inconnus […] brillaient »[156]

D'où les membres estiment qu'ils étaient probablement sur un autre plan d'existence, qu'ils sont entrés dans un monde parallèle. Plus tard les membres d'équipe rencontrent même les êtres de ce monde parallèle, les habitants d'une cité sous-marine où ils voient: « […] des manoirs aux tours immenses, des dômes gigantesques, des rues horriblement droites »[157]

C'est de cette façon que l'auteur nous présente le monde parallèle dans cette nouvelle. Au reste, le fantôme d'ami du protagoniste dans *Le fantôme dans la cale* et le fantôme sous la

---

[154] *Ibid.*, p.82.

[155] *Ibid.*, p.141.

[156] *Ibid.*, p.167.

[157] *Ibid.*, p.174.

forme d'un insecte, du scolopendre, dans *La scolopendre*, l'être fantastique-le vieux vagabond dans *Les sept châteaux du roi de la mer* , le protagoniste dans *Quand le christ marcha sur la mer,* le maître d'école dans *Le Psautier de Mayence,* ce sont des êtres possédant des pouvoirs extraordinaires, qui ne font pas partie de notre monde ordinaire, mais plutôt d'un autre monde , celui du monde parallèle, comme souligne Jacques Carion :« Tout cela, qui est littéralement monstrueux […] appartient à un autre monde, parallèle au monde quotidien. »[158]

En introduisant le thème du monde parallèle dans la majorité de ses nouvelles (six sur sept), l'auteur semble déranger les conventions du monde réel et ainsi mettre en question le monde quotidien. Jean Ray introduit dans ses récits une « réalité intercalaire », une réalité parallèle introduite dans le monde réel où entrent un jour les êtres fantastiques qui ne font pas partie de notre monde ordinaire, mais plutôt d'un monde parallèle.

Il faut souligner que tous les sept récits du recueil *Le Grand Nocturne* étaient écrits et publiés entre 1925 et 1942, après la première guerre mondiale et pendant la deuxième guerre mondiale et la période de l'occupation allemande de la Belgique. Donc il nous semble que l'objectif d'auteur est de démontrer à quelle mesure la société humaine s'est dégradée. L'auteur dans ses récits dénonce le monde réel en dévoilant les maux et les tares de la société, où les êtres humains manifestent les traits bestiaux, pour inciter les lecteurs à rejeter la réalité amère de la guerre, de l'occupation, afin de provoquer les lecteurs à se révolter contre l'ordre établi du monde quotidien, rassurant, derrière lequel se cachent la cruauté, la violence, le crime.

D'où nous concluons en disant que nous adhérons à l'idée de Baronian que le fantastique chez Jean Ray est un fantastique de réaction. Le fantastique chez Jean Ray est une réaction qui se manifeste non seulement par une révolte contre le monde quotidien dont les paysages sont identiques et son mode de vie banal, mais

---

[158] *Ibid.*, p.349.

également par un rejet de la réalité du monde réel en proposant la réalité d'un monde parallèle où existe un rapport insolite entre les hommes et les êtres surnaturels, selon Baronian.

Ainsi, en tenant compte des trouvailles du chapitre précédent et celles du chapitre présent, nous terminons ce chapitre en affirmant que le fantastique chez Jean Ray est non seulement le fantastique d'hésitation mais aussi celui du fantastique de réaction.

CHAPITRE IV
La belgitude dans *Le Grand Nocturne*

D'après l'écrivain José Domingues de Almeida, le terme « belgitude »[159] représente une crise identitaire nationale chez les Belges, dont ils souffraient depuis la création du royaume de Belgique en 1830. De plus, il pense que la belgitude se traduit par une quête d'identité nationale belge et par un déni d'identité flamande ou wallonne par les Belges. Dans son livre indiqué ci-dessus, José Domingues de Almeida évoque que la belgitude se manifeste essentiellement dans les écrits littéraires en recourant à l'humour, à la « dérision, autodérision démesurée »[160]. De plus, par l'allusion aux lieux ou des quartiers belges et également à travers l'usage des mots qui évoquent le climat belge, les spécialités belges et renforcent le caractère hybride (wallon et flamand) de la Belgique, s'exprime la belgitude dans les œuvres.

L'objectif de ce dernier chapitre est essentiellement l'examen des traits de la belgitude dans notre corpus, dans le contexte des sept nouvelles de Jean Ray, en appliquant la théorie de la belgitude de José Domingues de Almeida proposée dans son livre intitulé *De*

---

[159] ALMEIDA José Domingues De., *Op.cit.,* p.23.

[160] *Ibid.,* p.104.

la belgitude à la belgité. Afin de faciliter l'analyse de la question de la belgitude, ce chapitre se divisera en trois parties.

Dans la première partie qui s'intitule « L'humour dans Le *Grand Nocturne* », nous allons examiner si dans les sept nouvelles de Jean Ray se cultive l'humour, un trait caractéristique de la belgitude, selon José Domingues de Almeida. La deuxième partie intitulée « La dérision et l'autodérision dans *Le Grand Nocturne* », où nous allons étudier si les sept récits de Jean Ray démontrent la dérision et l'autodérision chez des personnages, ce qui exprime, d'après l'écrivain José Domingues de Almeida, la belgitude dans une œuvre. Dans la troisième partie qui s'intitule « Le climat belge », nous allons vérifier si le monde langagier, c'est-à-dire, les mots dans les sept nouvelles créent le climat belge et expriment la belgitude. Et enfin, en guise de conclusion pour ce chapitre, nous proposons de rechercher s'il y a des rapports entre la littérature fantastique belge francophone de Jean Ray et le mouvement identitaire national de la belgitude. Nous passons maintenant à l'examen de l'élément de l'humour dans le recueil *Le Grand Nocturne*.

L'humour dans Le *Grand Nocturne*

Le mot « Humour » est un terme anglais, venant du mot français « humeur ». Pour l'écrivain, journaliste français Paul Reboux, l'humour consiste tout simplement à « traiter à la légère les choses graves, et gravement les choses légères »[161].

La lecture des récits du recueil *Le Grand Nocturne* révèle que l'humour traverse toute l'œuvre fantastique de Jean Ray. L'humour contenu dans *Le Grand Nocturne* se manifeste en premier lieu, par des personnages qui sont tous comiques. C'est en fait à travers l'excès, l'exagération sur l'état d'ivresse des personnages, que Jean Ray décrit un monde des ivrognes dans ses récits. Ainsi dans ses récits du recueil, nous observons que l'auteur semble critiquer les

---

[161] Source : http://bridgemontelimar.free.fr/humour.html, consulté le 23 avril 2020.

hommes, il les dénonce, non ouvertement, mais par le détour de l'humour. C'est ainsi que l'auteur nous présente les personnages comiques qui adorent toutes les boissons alcoolisées et cherchent dans l'alcool une source de réconfort.

Dans *Les sept châteaux du roi de la mer,* le début de la nouvelle nous présente les marins dans un petit bar hollandais, qui sont tous soûls. Le narrateur décrit le protagoniste comme « un jeune homme fort pale qui [...] luttait contre une houleuse ivresse »[162] et comme « un pauvre dont les boissons offertes ont étanché la soif et éveillé l'ivresse. »[163]

Dans Le *fantôme dans la cale* le narrateur-personnage Bunny Snooks se dit :« Cette pluie [...] C'est elle qui vous chasse dans les boîtes à brandy, prêt à tous les crimes pour un grog [...] une heure de chaleur et de lumière. »[164]

Dans *La scolopendre,* les quatre étudiants Nathanson, Bilsen, Schlechtweg et Selig pendant un après-midi d'octobre, ils étaient en train de boire de l'alcool et regarder la lente marche de la scolopendre. Ils cherchent dans l'alcool une source du courage afin de combattre la scolopendre « Deux heures à boire de l'alcool [...] avant d'affronter cette vermine inconnue »[165], dit un étudiant.

Le Psautier de Mayence nous présente le personnage naïf du capitaine Ballister, un ivrogne, dont le maître d'école profite du faible pour l'alcool, et qui avoue lui-même sa faiblesse ainsi: « C'était mon point faible [...] Une nouvelle bouteille vint sur la table et la mauvaise entente s'évanouit comme une fumée de pipe. »[166]

Dans *Le fantôme dans la cale* le protagoniste, Bunny Snooks est un personnage humoristique. Il s'adresse à son ami, un voleur comme lui « Gentleman » et les gardiens, les douaniers comme des

---

[162] RAY Jean, *Op.cit.,* p.62.

[163] *Ibid.,* p.65.

[164] *Ibid.,* p.75.

[165] *Ibid.,* p.134.

[166] *Ibid.,* p.156.

« gens de vile espace. »[167] Son ami à son tour considère Bunny Snooks comme un homme aussi bien élevé que lui. La remarque suivante de Bunny Snooks adressée à son ami « qu'entre gens aux idées larges et cosmopolites, comme lui et moi, tout conflit deviendrait impossible »[168] est risible, car le lecteur sait que Bunny Snooks et son ami sont en fait des voleurs. En outre, cette question que pose Bunny Snooks à l'objet étrange de la « main de feu vert » est ironique: « Crois-tu maintenant que je n'ai pas peur de toi ? »[169], car en réalité, Bunny a si peur de l'étrange objet, qu'il boit énormément comme il se dit plus tard: « je parlais tout haut et posément pour combattre une abominable peur. »[170] Et même la question suivante est drôle: « Nous sommes ici entre gentlemen, hein ? »[171], vu qu'il parle au fantôme de son ami.

Ensuite, l'auteur introduit l'élément d'humour dans ses récits à travers la répétition des mots. Dans *La scolopendre* l'aspect comique vient de la répétition des mots tels que: « chose qui avance », « Avant que « cela » n'entre » et en plus, de l'exagération de la peur des quatre étudiants de la scolopendre, qu'ils se suicident avant de l'affronter.

De plus, dans les récits de Jean Ray, nous remarquons que l'effet humoristique est également produit par la banalisation du crime, de la violence et une dévalorisation des hommes.

Dans la nouvelle *Le Psautier de Mayence* la description des membres de l'équipage du bateau « Le Psautier de Mayence » donnée par le capitaine Ballister est pleine d'humour. Tous les membres sont des criminels, un peu louches. Le capitaine Ballister en présentant le premier membre au maître d'école, il dit: « Turnip [...] est un bon garçon et un bon marin ; il y a, hum…une affaire

---

[167] *Ibid.*, p.76.

[168] *Ibid.*, p.77.

[169] *Ibid.*, p.80.

[170] *Ibid.*, p.80.

[171] *Ibid.*, p.81.

de *tred mill* dans son passé [...] Vous l'aurez pour un prix raisonnable, surtout si vous embarquez un peu de rhum. »[172]

Alors, le deuxième membre Steevens est décrit comme un homme prêt à devenir l'esclave du maître d'école pour des pots de confiture. Ensuite Ballister présente un autre membre qui s'appelle Walker, le fait qu'il est un délinquant n'est pas une question grave pour Ballister, mais plutôt sa laideur lui pose un problème: « Walker, mais il est très laid [...] C'est que sa figure, où il manque une moitié de nez, un peu de menton et une oreille entière. »[173]

Dans Le *fantôme dans la cale* la phrase « L'eau, sans un peu de whisky ou de rhum, n'est pas à boire: plutôt mourir »[174] est plein d'humour noir. Le protagoniste déprécie l'eau qui rend la vie possible et vante plutôt l'alcool, un moyen d'évasion. Cela nous montre à quel point l'homme désire d'échapper à la réalité. Ici le comique des mots démontre la tragédie de la situation de protagoniste.

Ensuite dans ce récit, le personnage de Krol, un homme qui frappe, assomme son ami Sam Tupple et puis menace un autre homme, il est ironiquement décrit par le narrateur comme un homme poli ayant « reçu une éducation raffinée »[175]. Ce qui produit surtout un effet d'humour, c'est que la menace de Krol, de mordre le nez de l'étranger, est désignée comme une « cordiale prière du Krol »[176] par le narrateur. Ici nous remarquons une indifférence envers la violence chez des personnages. Ainsi, les nouvelles nous font preuve d'une banalisation de la vie humaine, surtout pour le crime et la violence apportant une dévalorisation des hommes.

Il paraît que Jean Ray cultive dans ses récits plutôt un humour rouge, une forme d'humour noir, que Patrick Moran, un écrivain

---

[172] *Ibid.*, p.156.

[173] *Ibid.*, p.157.

[174] *Ibid.*, p.75.

[175] *Ibid.*, p.74.

[176] *Ibid.*, p.74.

français-britannique et Bernard Gendrel, un enseignant-chercheur à l'Université Paris Est Créteil, définissent ainsi : « L'humour noir, c'est l'humour antisocial, l'humour contre la société. »[177] Ils citent dans leur article l'auteur français Dominique Noguez qui a proposé dans son ouvrage intitulé *L'Arc-en-ciel des humours*[178] (2000) une classification des diverses formes d'humour, selon leur couleur, tels que l'humour rouge, qu'il décrit dans les mots suivants : « [...] couleur que prend le noir quand le malheur dont il ricane ne vient pas de Dieu (ou de la Nature) mais des hommes. Par-là relatif, évitable. »[179]

En plus, ayant discuté dans le deuxième chapitre de notre étude que les thématiques du crime et de la mort sont prédominantes dans toutes ses sept nouvelles, nous savons que la mort constitue une idée fixe chez Jean Ray, car dans ses sept récits, c'est un thème prédominant. La racine de cette obsession (de la mort) pourrait être dans les deux guerres mondiales, ainsi que dans l'occupation allemande de la Belgique car les sept nouvelles étaient écrites et publiées entre 1925 et 1942. Donc il est probable que l'auteur en cultivant l'humour, notamment l'humour rouge dans ses nouvelles, manifeste la révolte contre les êtres humains qui sont selon lui, responsables pour tout le malheur sur la terre, tel que celui de la guerre, de deux guerres mondiales etc.

Nous trouvons une explication d'humour également chez le psychanalyste Sigmund Freud, qui décrit l'humour comme un moyen de défense, face aux situations provoquant des sentiments

---

[177]GENDREL Bernard et MORAN Patrick, « L'humour noir » in *fabula*, [en ligne], http://www.fabula.org/atelier.php?Humour_noir, consulté le 3 mars, 2020.

[178] NOGUEZ Dominique, *L'Arc-en-ciel des humours,* Paris, Éditions Librairie Générale Française, 2000.

[179]GENDREL Bernard et MORAN Patrick, « Un humour ou des humours ? » in *fabula*, [en ligne], http://www.fabula.org/atelier.php?Un_humour_ou_des_humours,consulté le 3 mars, 2020.

d'angoisse : « […] l'humour, lui, peut être conçu comme la plus haute de ses réalisations de défense.»[180] Nous pouvons énoncer que l'écrivain Jean Ray se sert d'outil d'humour, un trait de la belgitude, selon José Domingues de Almeida, comme un moyen de défense, contre la réalité douloureuse de son monde, où les gens (les Belges) font face constamment à une crise identitaire nationale. Et afin d'oublier la douleur de leur réalité, le malaise identitaire et des conséquences des actions de certains (les deux guerres) les gens tournent envers l'alcool pour lutter contre leurs angoisses. Ainsi l'auteur exprime la belgitude en recourant à l'instrument de l'humour et l'effet humoristique est produit dans les récits, à travers les personnages comiques, par la répétition des mots, la banalisation du crime, de la violence et par une dévalorisation des hommes.

Ayant discuté le rôle de l'élément d'humour dans les sept récits, nous allons actuellement passer à la deuxième partie de notre étude pour examiner les thèmes de la dérision, et de l'autodérision, qui sont des traits de la belgitude, en plus de l'humour, selon l'écrivain José Domingues de Almeida.

La dérision et l'autodérision dans *Le Grand Nocturne*

Les chercheurs Jacques Riffault, un philosophe, écrivain français et, Brigitte Bouquet, une professeure de sociologie, écrivaine française, travaillant sur le sujet de « rire » et ses différentes formes, abordent les différentes formes de rire, celle de la dérision et de l'autodérision dans leur article, en affirmant que lorsqu'on est soi-même l'objet de notre humour, il s'agit d'une autodérision : « L'autodérision est une aptitude à reconnaître ses défauts en s'en moquant soi-même et en en faisant rire autrui.»[181]

---

[180] FREUD Sigmund, *Le mot d'esprit et sa relation à l'inconscient*, Paris, Gallimard, 1988, p.119.

[181] BOUQUET Brigitte et Jacques Riffault, « L'humour dans les diverses formes du rire » in *Vie sociale*, [en ligne], http://www.cairn.info/revue-vie-sociale-2010-2-page-13.htm , consulté le 15 mars 2020.

Évidemment lorsque l'autre est l'objet de notre humour, c'est la dérision.

Selon l'écrivain José Domingues de Almeida, l'autodérision caractérise les Belges traversant une crise identitaire, qui s'en servent (d'autodérision) afin de forger leur propre identité, une identité belge, comme explique Jean-Marie Klinkenberg, un sémioticien et linguiste belge, en décrivant l'autodérision chez des Belges en ces termes : « C'est une manière de dire "nous ne sommes pas les plus grands esprits, mais nous pouvons rire de nous", de regagner une certaine noblesse […] l'autodérision est un dogme national.»[182]

Dans les nouvelles du recueil de *Le Grand Nocturne,* nous remarquons que l'auteur gantois exprime la dérision et l'autodérision, à travers ses personnages qui se raillent des autres personnages et se moquent d'eux-mêmes. Dans *Les sept châteaux du roi de la mer* le protagoniste s'autocritique en disant: « Sans doute que j'étais ivre comme une bête. J'ai dû dire des sottises, car je ne sais rien. »[183] Puis le personnage de Rotten Bol, voleur et meurtrier, est appelé par l'aumônier comme un « détenu modèle » et décrit comme un « Homme très charitable. S'occupe beaucoup des vieillards détenus »[184]. Cette dernière phrase est ironique parce qu'il y a un décalage entre la réalité et les propos d'aumônier, ce que la parole du narrateur révèle: « Au fond, Rotten Bol rage »[185]. Rotten Bol est un homme vil et avide. Le narrateur se moque ici du personnage de Rotten Bol.

Ensuite dans *Le fantôme dans la cale,* Bunny Snooks en parlant au fantôme, il se dénonce en disant: « Dans notre métier de pauvres

---

[182] http://www.lesoir.be/284768/article/actualite/belgique/2013-07-19/l-autoderision, consulté le 10 avril, 2020.

[183] RAY Jean, *Op.cit.,* p.68.

[184] *Ibid.*, p.72.

[185] *Ibid.*, p.72.

et de mauvais garçons, on mécontente parfois le Seigneur »[186] et
avoue plus tard son ignorance en ce qui concerne la prière
religieuse ainsi: « Ame chérie […] est-ce ma faute si je ne te sers
pas une prière complète? Je n'ai rien appris d'autre. »[187]

Dans *La ruelle ténébreuse,* le narrateur-personnage méprise le
personnage d'Anita en la décrivant comme une femme avide en ces
termes suivants :« On y jette de l'argent, de l'or même ; c'est alors
seulement que son regard sourit […] Anita devint soudain très
exigeante, et l'or de l'antiquaire fuyait comme une eau vive entre
ses petites mains nerveuses. » [188]

La scolopendre nous présente le personnage de Nathanson, à qui
le narrateur semble se railler, le désignant souvent comme « le Juif
», lorsque le narrateur dit «-Fameuse! consentit le Juif, comme si
l'on venait de lui chanter les plus belles louanges de son aïeule.»[189]
La nouvelle *Quand le christ marcha sur la mer,* nous décrit le
personnage de Snuffy, le vieux commis de protagoniste David
Stone, un personnage naïf croit qu'il vit dans une ville maritime
puisqu'il y a une sorte de quai devant la porte de son bureau et qui
répète toujours « où il y a de l'eau, un bateau peut venir »[190],
Snuffy se moque tout le temps de David ainsi : « Oh! Un bateau,
ricana Snuffy. Sur la rivière Hulmar, un bateau qui vient de la mer.
Hi! Hi! Hi! »[191] Dans *Le Psautier de Mayence* le maître d'école
ridiculise le capitaine Ballister, un homme crédule, en désignant ce
dernier comme « un homme intelligent et cultivé. »[192] De plus,
même les membres de son équipage se moquent de lui, en lançant

---

[186] *Ibid.,* p.80.

[187] *Ibid.,* p.81.

[188] *Ibid.,* p.119.

[189] *Ibid.,* p.133.

[190] *Ibid.,* p.142.

[191] *Ibid.,* p.141.

[192] *Ibid,* p.157.

des insultes à lui ainsi: « Au diable les capitaines de votre espèce! »[193] Et « Damné soûlard. »[194]

De surcroît, il est intéressant de noter le choix atypique des prénoms et noms des personnages dans ses nouvelles par l'auteur, les prénoms et les noms tels que Bunny Snooks, Rotten Bol, Le midship, Wittebrood, Le Krol, Peg Flower, Sam Tupple, Snuffy, Turnip. Au reste, certains personnages n'ont même pas un nom, comme dans la nouvelle *Les sept châteaux du roi de la mer*, on appelle l'être surnaturel « le vieux vagabond ». Puis le personnage principal y est nommé « le jeune homme » ou « la merluche » et un marin est appelé « l' officier ».

Dans la nouvelle *Le fantôme dans la cale* le nom de l'homme allemand que le protagoniste Bunny Snooks rencontre dans la cale, n'est nulle part indiqué dans le récit et il est nommé tout simplement « Gentleman » ou « Compagnon » ou « Ami ». Dans *La scolopendre* un des étudiants est simplement appelé « le Juif » par les trois autres. Dans la nouvelle *Quand le christ marcha sur la mer*, le protagoniste sauve une femme désignée « la chanteuse » par tout le monde. Le personnage étrange dans *Le Psautier de Mayence* est prénommé le « maître d'école ». Dans *La ruelle ténébreuse* le nom de la narratrice n'est pas dévoilé. De plus, l'entité surnaturelle est désignée « L'Être » par la narratrice et toutes les créatures invisibles qui harcèlent les habitants de la ville sont appelées soit « les êtres de la nuit » soit « les Choses ».

Parmi les noms indiqués des personnages, dans la nouvelle *Le Grand Nocturne*, le personnage principal, Théodule Notte, dont le prénom Théodule est un prénom commun français, tandis que le nom « Notte »[195] est un nom courant italien, signifiant la nuit. En ce qui concerne le nom propre Hippolyte Baes, Hippolyte est un

---

[193] *Ibid.*, p.180.

[194] *Ibid.*, p.180.

[195] VILLANOVA Francesco Alberti di., *Grand Dictionnaire français-italien*, chez Joseph Remondini et fils, 1811.

nom commun français tandis que « Baes »[196] vient de mot anglais Bae qui signifie "baby or babe" en anglais. Le nom propre du narrateur dans *La ruelle ténébreuse* « Alphonse », est un prénom traditionnel français.

Dans *Les sept châteaux du roi de la mer*, le nom « Wittebrood »[197] est un mot néerlandais qui signifie le pain blanc et « Bol » [198] est un nom de famille français et aussi un français argotique qui signifie la chance. Donc Rotten Bol signifie le manque de chance. Et David Stone et Peg Flower sont des prénoms et noms courants anglais. Le protagoniste « Snooks »[199] (de Bunny Snooks) dans *Le fantôme dans la cale* est un anglais argotique qui veut dire un idiot. Dans *La scolopendre* les noms des quatre étudiants: Nathanson est un prénom courant américain, Bilsen un nom courant belge, Schlechtweg est un nom commun allemand et Selig est un nom de famille alsacien-lorrain.

Il nous semble que l'auteur Jean Ray, en donnant à ses personnages des noms hors du communs dans ses sept récits, il semble se moquer des personnages, mais derrière cette dérision, il y a un objectif, c'est de souligner la crise identitaire chez des personnages, étant donné que: « Le prénom et/ou le nom font partie de l'identité de la personne. Le prénom est un signe distinctif qui donne une identité propre à la personne alors que le nom de famille indique les liens d'appartenance généalogique. »[200]

---

[196] Source : https://en.oxforddictionaries.com/definition/bae, consulté le 30 janvier 2020.

[197] Source : http://www.interglot.com/dictionary/nl/fr/translate/wittebrood?l=en%7Ces&lang=en%2Fworder, consulté le 22 février 2020.

[198] Source : http://www.languefrancaise.net/Bob/5634,consulté le 11 janvier, 2020.

[199] Source : https://slangdefine.org/s/snook-10377.html, consulté le 15 février 2020.

[200] Source : http://eole.irdp.ch/activites_eole/annexes_doc/annexe_doc_11.pdf, consulté le 10 mars 2020.

Au reste, en employant les différents noms et des prénoms de diverses origines, anglaises, françaises, néerlandaises, allemandes, l'auteur a créé des noms insolites pour insister sur la notion du métissage et renforcer le caractère hybride (wallon et flamand) de la Belgique, un pays trilingue et ainsi il a construit la belgitude dans ses nouvelles.

Alors, par le biais de l'introduction de la dérision et de l'autodérision, qui sont les traits principaux de la belgitude, d'après José Domingues de Almeida, l'auteur Jean Ray a donc exprimé la belgitude dans ses nouvelles. Dans la partie suivante du chapitre, nous allons vérifier si l'auteur Jean Ray a exploité le monde langagier afin de créer un climat belge dans ses sept nouvelles.

Le climat belge

D'après l'écrivain José Domingues de Almeida, outre l'humour et la dérision, la belgitude s'exprime également dans le champ littéraire à travers l'emploi des mots évoquant le climat belge, les mots qui facilitent la création du climat d'épouvante, qui font l'allusion aux lieux ou des quartiers belges, les mots qui font référence aux spécialités belges.

Jean Delaet, un écrivain belge, affirme que l'auteur Jean Ray :« […] use habilement des sensations confuses que nous ressentons tous dans le brouillard et l'obscurité, devant l'eau ou dans le vent, le long des quais un soir de pluie. »[201]

Et la lecture des nouvelles du recueil *Le Grand Nocturne* nous divulgue que les éléments naturels y jouent un rôle essentiel dans la création d'un climat d'épouvante, d'une ambiance idéale pour l'intrusion de l'événement surnaturel, les éléments naturels tels que le brouillard, la brume, la pluie, le vent, les éléments qui constituent tous le climat belge.

Dans toutes les sept nouvelles, il fait du vent et il pleut au moment où l'événement étrange se déroule. Par exemple dans *Le*

---

[201] Source : https://booknode.com/la_croisiere_des_ombres_076484, consulté le 6 janvier 2020.

Grand Nocturne, la première nouvelle du recueil, il pleuvait et faisait du vent lorsque le personnage principal Théodule Notte trouve le vieux livre rouge. En outre, au début de cette nouvelle, le narrateur décrit la rue où habitait le protagoniste comme « la rue brumeuse »[202].

Dans Les *sept châteaux du roi de la mer,* il ventait comme évoque le narrateur : « Cette nuit donc, il faisait grand vent. »[203] Dans *Le fantôme dans la cale* le narrateur -personnage Bunny Snooks narre que le jour où il voit le fantôme de son ami : « Il pleuvait affreusement, comme il ne peut que sur les ports de misère [...] La pluie arrivait maintenant en rafales brusques, poussées par un vent hargneux »[204]

Dans la nouvelle *La ruelle ténébreuse* la narratrice raconte : « Ce soir, qui introduisit la plus affreuse des épouvantes dans notre chère et calme vie [...] il pleuvait à verse. » [205] Dans *La scolopendre*, il pleuvait et il y avait du brouillard, lorsque les quatre étudiants voient la scolopendre sur la façade de la noire maison d'en face. De plus, dans le récit *Quand le christ marcha sur la mer* avant le déroulement de l'événement inexplicable du miracle, le protagoniste David Stone assiste à une tempête, ainsi relate le narrateur : « Puis vint la pluie rageuse et dure [...] un vent furieux balayait la rue »[206]et le capitaine Ballister assiste à l'averse et une « rafale nocturne »[207] la nuit, il rencontre l'être étrange du maître d'école dans *Le Psautier de Mayence.*

En plus, nous constatons la présence de l'élément naturel de la mer, qui constitue aussi le climat belge dans les nouvelles du recueil et crée une atmosphère idéale pour l'intrusion de

---

[202] RAY Jean, *Op.cit.,* p.15.

[203] *Ibid.,* p.70.

[204] *Ibid.,* p.75.

[205] *Ibid.,* p.88.

[206] *Ibid.,* p.144.

[207] *Ibid.,* p.158.

l'événement surnaturel. Dans *Les sept châteaux du roi de la mer,* avant le surgissement de l'événement étrange, l'être surnaturel, le vieux vagabond promet au jeune homme qu'il ferait appel au Roi de la Mer. Donc l'auteur tient pour responsable indirectement de l'événement étrange, le Roi de la Mer. Dans la prochaine nouvelle *Le fantôme dans la cale,* le personnage principal, Bunny Snooks a vu le fantôme dans la cale du Fulmar, un cargo, au milieu de la mer. Dans la nouvelle *Quand le christ marcha sur la mer,* David Stone, le personnage principal de cette nouvelle, une nuit, assiste à une averse en se traduisant à une catastrophe telle le Déluge, où il a vu « Des eaux tumultueuses, lamées de lueurs insolites, envahissaient la rue »[208]qui cause la mort de tous les habitants de la ville. À la fin, David assiste à deux miracles : il marche sur l'eau et il voit un navire qui est venu de la mer. Donc les rôles de l'eau et de la mer sont clairs dans le déroulement de l'événement étrange. Ensuite l'action dans *Le Psautier de Mayence* se déroule sur le bateau « Le Psautier de Mayence » au milieu de la mer, les membres de l'équipage assistent à la transformation de la mer, devant leurs yeux, le lieu rassurant de la mer devient étrange. La mer tranquille devient un lieu sinistre, comme souligne un membre : « La mer avait pris un aspect insolite [...] Des stries étrangement colorées la traversaient »[209] Et les membres voient même une cité et un être de cette cité sous-marine.

Ainsi, les mots créent le climat belge et expriment la belgitude dans les nouvelles. Ensuite, Jean Ray exprime la belgitude dans ses nouvelles, par l'allusion aux lieux, aux quartiers belges. Les récits d'écrivain belge se situent dans les villes portuaires, simulant la ville natale belge d'auteur Jean Ray, de Gand. Dans ses récits, l'auteur gantois décrit un monde marin, ayant des marins en tant que des personnages et le vocabulaire marin (un bateau, un wharf, le port, un voilier…). La nouvelle *Le Grand Nocturne* présente le personnage principal Théodule Notte qui vit dans le quartier belge

---

[208] *Ibid.*, p.145.
[209] *Ibid.*, p.165.

d'Ham, à Gand. Puis la nouvelle *Les sept châteaux du roi de la mer*, l'histoire se situe dans un bar hollandais. Bien que l'auteur n'évoque jamais dans ce récit le nom de la ville hollandaise, mais cela devient évident que c'est une ville portuaire ressemblant beaucoup à la ville de Gand, avec la description de la ville par le narrateur de la manière suivante : « c'est un des plus curieux quartiers de la ville [...] moitié docks, moitié rues. »[210] Dans *Le fantôme dans la cale* l'événement principal se déroule dans une ville portuaire comme le narrateur-personnage Bunny Snooks était en train de voler dans un cargo, et il évoque lui-même que « Il pleuvait affreusement comme il ne pleut que sur les ports de misère »[211]. En ce qui concerne la nouvelle *La ruelle ténébreuse* l'action se passe dans la ville allemande d'Hambourg, une ville portuaire qui ressemble encore à Gand. Dans la prochaine nouvelle *Quand le christ marcha sur la mer*, David Stone, le personnage principal de cette nouvelle vit dans la ville imaginaire d'Ingrahm, et croit que sa ville est une ville maritime ayant un port, ainsi l'auteur fait l'allusion à sa ville natale.

En outre, nous avons aussi observé que l'action dans ses récits se passait dans les quartiers sombres, des bars, des tavernes qui rappellent le quartier d'Ham où le nouvelliste belge a vécu sa vie entière. Dans *Le Grand Nocturne* le protagoniste Théodule Notte assiste à des événements étranges dans la « Taverne de l'Alpha ». Dans cette taverne Théodule Notte a vu la transformation de son ami d'école Jérôme Meyer et plus tard il rencontre son amant dans cette même taverne. Quant à la nouvelle *Les sept châteaux du roi de la mer*, c'est dans la taverne de « Phare Amusant », que le jeune homme raconte l'histoire d'un événement étrange qui s'est déroulé, une nuit d'automne, dans la prison de Leeuwarden et dans la prochaine nouvelle *Le fantôme dans la cale*, le personnage principal, Bunny Snooks raconte à ses amis dans un bar, l'histoire d'un fantôme qu'il a vu dans un cargo. Ensuite, dans *Le Psautier*

---

[210] *Ibid.*, p.66.
[211] *Ibid.*, p.75.

de Mayence le protagoniste le capitaine Ballister rencontre pour la première fois, l'être étrange du maître d'école dans la taverne du « Cœur Joyeux ».

De plus, l'auteur dans ses récits fait référence constamment à son pays natal par l'évocation des objets typiquement belges, ainsi : « de gros tabac des Flandres »[212], « la grosse lampe belge du lustre »[213] dans la nouvelle *Le Grand Nocturne,* dans le récit *Les sept châteaux du roi de la mer* « des plies frites »[214]. Ensuite dans la nouvelle *La ruelle ténébreuse* en entrant dans l'impasse Beregonnegasse le narrateur évoque qu'elle ressemble à un lieu belge : « les trois portes donnant […] l'aspect puéril d'une rue de béguinage flamand. »[215] Et il sentait qu'il est entré : « dans un béguinage des Flandres »[216].

Enfin, nous remarquons que l'auteur manifeste la belgitude dans ses sept récits, en employant des mots qui évoquent des spécificités belges, surtout des spécificités gastronomiques de la Belgique, dont parlait Marie-France Renard dans la préface du livre *De la belgitude à la belgité* ainsi :« […] le terme « belgitude » […] il s'agit d'exprimer une spécificité belge, qu'elle soit culturelle, artistique ou gastronomique. »[217]

Dans ses nouvelles, Jean Ray nous présente les personnages gourmands pour y ajouter plus de couleur locale, qui représentent l'auteur, un gourmand lui-même, et dans un bon nombre de ses récits il décrit la nourriture et les boissons en détail comme dans la nouvelle *Le Grand Nocturne*, l'auteur donne le détail du souper que partage le protagoniste Théodule et son ami, de telle façon :« Voilà du veau froid dans son jus, et je parie que cette terrine brune

---

[212] *Ibid.*, p.16.

[213] *Ibid.*, p.39.

[214] *Ibid.*, p.69.

[215] *Ibid.*, p.113.

[216] *Ibid., p.116.*

[217] ALMEIDA José Domingues De., *Op.cit.,* p.11.

contient un pâte de poulet de chez Cerneau. [...] fines tartines beurrées que M. Hippolyte trempait sournoisement dans le jus.»[218] Puis, dans le récit *Les sept châteaux du roi de la mer* l'écrivain décrit le buffet que mange le protagoniste dans la taverne « Phare Amusant » ainsi : « Des petites pains poudres de farine bise, une tourelle de beurre jaune, de longues tranches de saumon fume luisant d'huile rose, des buissons de crevettes fraîches, des ailerons de raie en gelée [...] des régimes de saucisse, des plies frites ».[219]Ensuite dans la nouvelle *La ruelle ténébreuse* la narratrice évoque que : « Fraù Pilz [...] nous avait fait un souper fameux entre tous: des truites grillées au feu clair et un pâté de pintade [...] une bouteille d'eau-de-vie du Cap qui y vieillissait depuis plus de vingt ans.»[220]

Et dans *Le Psautier de Mayence* le narrateur-personnage dit : « Steevens s'est confectionné des sandwiches fantastiques avec du biscuit de mer et du   corned-beef. »[221]

Ainsi nous avons vérifié que la belgitude se manifeste dans les sept nouvelles du recueil *Le Grand Nocturne* d'auteur Jean Ray à travers l'emploi d'humour, de la dérision, de l'autodérision, pour souligner la situation grave d'un malaise identitaire belge chez des Belges. En outre, nous avons remarqué que la belgitude s'exprime également dans les sept nouvelles d'écrivain Jean Ray par les mots qui évoquent le climat belge. Les éléments naturels y jouent un rôle essentiel dans la création d'un climat d'épouvante, idéal pour l'intrusion de l'événement surnaturel. De plus, l'écrivain mentionne les spécialités belges et fait l'allusion aux lieux ou des quartiers belges dans ses récits. Ainsi le conteur belge crée un climat belge et manifeste la belgitude dans ses sept nouvelles.

---

[218] RAY Jean, *Op.cit.,* p.18.

[219] *Ibid.,* p.69.

[220] *Ibid.,* p.89.

[221] *Ibid.,* p.171.

Nous allons maintenant vérifier s'il existe des rapports entre la belgitude et la littérature fantastique belge francophone de Jean Ray.

Selon Baronian, il existe un lien entre l'essor du fantastique en Belgique au XXe siècle et entre « la problématique de l'identité nationale ressentie par les écrivains belges issus d'un pays divisé en deux, qui n'existe que depuis 1830 »[222], c'est-à-dire, la belgitude, car d'après Baronian, l'essence du fantastique est :« [...] l'obsession du questionnement identitaire. Toute la littérature fantastique repose sur cette question récurrente : qui suis-je ? Qui est en face de moi ? Quelle est ma place dans ce monde ? »[223]

En outre, selon Marc Lits, cette question récurrente liée à l'obsession du questionnement identitaire dérange également des écrivains belges, ce qu'il souligne en ces termes suivants : « [...] cette question taraude également des écrivains d'un pays en quête de racines [...] on comprendra pourquoi les lettres belges ont très vite [...] manifesté une prédilection pour le fantastique. »[224]

En analysant les sept nouvelles, nous avons observé que l'essence du fantastique chez l'auteur Jean Ray, réside également dans cette obsession du questionnement identitaire. Dans les sept nouvelles du recueil *Le Grand Nocturne*, un événement étrange se déroule. Cet événement trouble profondément le protagoniste, qui n'arrive pas à distinguer entre le monde réel et le monde parallèle ou imaginaire. Tous les protagonistes de nouvelles, Théodule Notte dans la première nouvelle, le jeune homme, Bunny Snooks, la narratrice et le narrateur-personnage Alphonse Archipêtre, les quatre étudiants, David Stone, et le personnage principal de la dernière nouvelle, le capitaine Ballister, ils étaient tous bouleversés par l'événement surnaturel. Cet événement surnaturel mène à

---

[222]JOSEFSON Asa, *Op.cit.,* p.24.

[223]*Ibid.,* p.24.

[224] LITS Marc, *Op.cit.,* p.15-16.

l'ébranlement de l'identité des protagonistes, qui subissent tous une crise identitaire qu'ils ne peuvent jamais résoudre.

Il serait utile de rappeler que bien que Jean Ray soit né à Gand, dans une région flamande, il a écrit en deux langues, en néerlandais et en français. Cela nous démontre qu'il a dénié la division flamande/wallonne et ainsi souligné le caractère hybride (wallon et flamand) de l'âme belge. C'est la belgitude pour lui, un défenseur de la belgitude, tout comme souligne le journaliste belge José Fontaine dans son article intitulé « L'image de la Flandre dans le mouvement wallon » :« Les tenants de la « *belgitude* », insistent sur […] son caractère hybride (wallon et flamand) […] L'un des chevaux de bataille de la « *belgitude* », c'est en effet, l'idée du métissage mais un métissage qui relance paradoxalement une identité forte. »[225]

Nous pouvons résumer ainsi que l'écrivain belge Jean Ray exprime, par le recours à la littérature fantastique, la crise identitaire nationale chez les Belges, autrement dit, la belgitude. Ayant trouvé des traits préliminaires de la belgitude dans les récits du recueil *Le Grand Nocturne,* nous pouvons donc considérer Jean Ray comme un précurseur de ce mouvement national belge. Nous pouvons également affirmer que le fantastique belge francophone chez Jean Ray égale (d'une certaine manière) à la belgitude, étant donné que le fantastique belge d'écrivain Jean Ray exprime le malaise identitaire national chez les Belges. Le fantastique et le mouvement de la belgitude, les deux sont des armes entre les mains de nouvelliste belge pour combattre cette crise identitaire nationale dont il souffre depuis longtemps.

Ainsi, ce projet nous a permis de démontrer que Jean Ray exprime une identité hybride à travers ses récits fantastiques, une identité non seulement flamande ou wallonne mais une identité

---

[225] FONTAINE José, « L'image de la Flandre dans le mouvement wallon » in *La revue toudi,* [en ligne], http://www.larevuetoudi.org/fr/story/l'image-de-la-flandre-dans-le-mouvement-wallon , consulté le 6 mars 2020.

belge. Le fantastique belge d'expression française chez Jean Ray est non seulement le fantastique d'hésitation, mais aussi un fantastique de réaction et égale même à la belgitude. Ainsi le fantastique chez Jean Ray est un fantastique hybride belge.

Bibliographie

ALMEIDA José Domingues De., *De la belgitude à la belgité*, Bruxelles, éd. Peter Lang AG, 2013.

BARONIAN Jean-Baptiste, *Panorama de la littérature fantastique de langue française*, Paris, Éditions Stock, 1978.

BARONIAN Jean-Baptiste, *La France fantastique de Balzac à Louÿs,* Verviers, Éditions Marabout, 1973.

BARONIAN Jean-Baptiste, *Un nouveau fantastique*, Lausanne, Éditions l'âge d'homme, 1977.

BEAUFILS Thomas, *Les Belges*, Paris, Éditions Le Cavalier Bleu, 2004.

BOUVET Rachel, *Étranges récits, étranges lectures : essai sur l'effet fantastique,* Québec, éd. Presses de l'Université du Québec, 2007.

BOZZETTO Roger, *Le fantastique dans tous ses états*, Aix-en-Provence, éd. Presses universitaires de Provence, 2001, [en ligne], http://books.openedition.org/pup/1523, consulté le 13 juillet 2016.

CAILLOIS Roger, *Anthologie du fantastique*, Paris, Éditions Gallimard, 1966.

CASTEX Pierre-Georges, *Le conte fantastique en France de Nodier à Maupassant*, Paris, éd. Librairie José Corti, 1951.

FONDANECHE Daniel, *Paralittératures,* Paris, Éditions Vuibert, 2005.

FREUD Sigmund, *Le mot d'esprit et sa relation à l'inconscient*, Paris, Gallimard, 1988.

ISER Wolfgang, *L'acte de lecture: Théorie de l'effet esthétique*, Bruxelles, Éditions Mardaga, 1985.

JOSEFSON Asa, *Fantastique et révolte chez Jean Muno et Hugo Raes*, Bruxelles, éd. Peter Lang AG, 2013.

KLINKENBERG Jean-Marie et Benoît Denis, *La littérature Belge*, Bruxelles, Éditions Labor, 2005.

LAFOND Frank, *Jacques Tourneur, les figures de la peur*, Rennes, éd. Presses universitaires de Rennes, 2007, [en ligne], http://books.openedition.org/pur/2056 , consulté le 06 décembre 2016.

LOFFICIER Jean et Randy Lofficier, *French Science Fiction, Fantasy, Horror and Pulp Fiction: A guide to Cinema, Television, Radio, Animation, Comic Books and Literature from the Middle Ages to the Present*, Jefferson, N. C, McFarland, 2000.

MALRIEU Joël, *Le Fantastique*, Paris, éd. Hachette, 1992.

MAUPASSANT Guy de, *Le Horla*, Paris, Albin Michel, 1986.

MERIMEE Prosper, *La Vénus d'Ille*, Paris, Librairie Larousse, 1975.

MONSIEUR Jeannine et Jean-Baptiste Baronian, *Le fantastique d'aujourd'hui*, Abbaye de Forest, Bruxelles, Centre Internationale du fantastique, 1982.

MONTACLAIR Florent, *Le vampire dans la littérature romantique française*, Besançon, Presses Universitaires de Franche-Comté, 2011.

MOURALIS Bernard, *Les contre-littératures*, Paris, Presses Universitaires de France, 1975.

NOGUEZ Dominique, *L'Arc-en-ciel des humours*, Paris, Éditions Librairie Générale Française, 2000.

PUZIN Claude, *Le Fantastique: textes, commentaires et guides d'analyse*, Paris, Éditions Nathan, 1984.

RAY Jean, *Le Grand Nocturne; Les cercles de l'épouvante*, Bruxelles, Éditions Labor, 1984 (publié originellement en 1942).

RAY Jean, Malpertuis, Bruxelles, Éditions Labor, 2000.

REY Alain et Josette Rey-Debove, *Le Petit Robert*, Paris, Dictionnaires Le Robert, 1986.

RONDEAU Catherine, *Aux Sources Du Merveilleux : Une Exploration De L'univers Des Contes,* Québec, éd. Les Presses de l'Université du Québec, 2011.

ROWLING Joanne Kathleen, *Harry Potter and the Order of the Phoenix,* Vancouver, Raincoast Books, 2003.

STEINMETZ Jean-Luc, *La littérature fantastique,* Paris, Éditions PUF, 1990.

TODOROV Tzvetan, *Introduction à la littérature fantastique*, Collection Poétique, Paris, Éditions Du Seuil, 1970.